憧れのいぶし銀は足もとにいる！

山下正明

やました・まさあき

●おもな戦績

1990 年：第 6 回リョービ選抜
黒鯛釣り選手権大会優勝
1991 年：第 7 回リョービ選抜
黒鯛釣り選手権大会優勝
1992 年：第 8 回リョービ選抜
黒鯛釣り選手権大会優勝
1995 年：第 1 回チヌの魚信を楽しむ会
北陸大会優勝
2006 年：第 1 回黒鯛工房杯
瀬戸内落とし込みクラブ
選手権大会in玉島優勝★
2017 年：第 12 回黒鯛工房
東京湾クラブ対抗
ヘチ釣り選手権大会in木更津★
★郡と同チームで優勝

１９４５年４月、東京都新宿区に生まれ育つ。趣味はすべて親父譲り。春の小ブナ、６月のアユ釣り、10月になると鉄砲撃ち。猟期が終わるとハゼやアイナメ、カレイなど江戸前の沖釣りに。仕事場以外はすべて一緒に連れて行ってもらった。そんな親父が大好きだった。その後、兄の影響で野球をやるため早実へ。夏の甲子園を目前に足を負傷して野球を断念。高校卒業後はホテルにてコックの修行。その後、独立してレストラン『アメスコ』という洋食店を開業し、20年間営業した。『東京黒友会』会長。

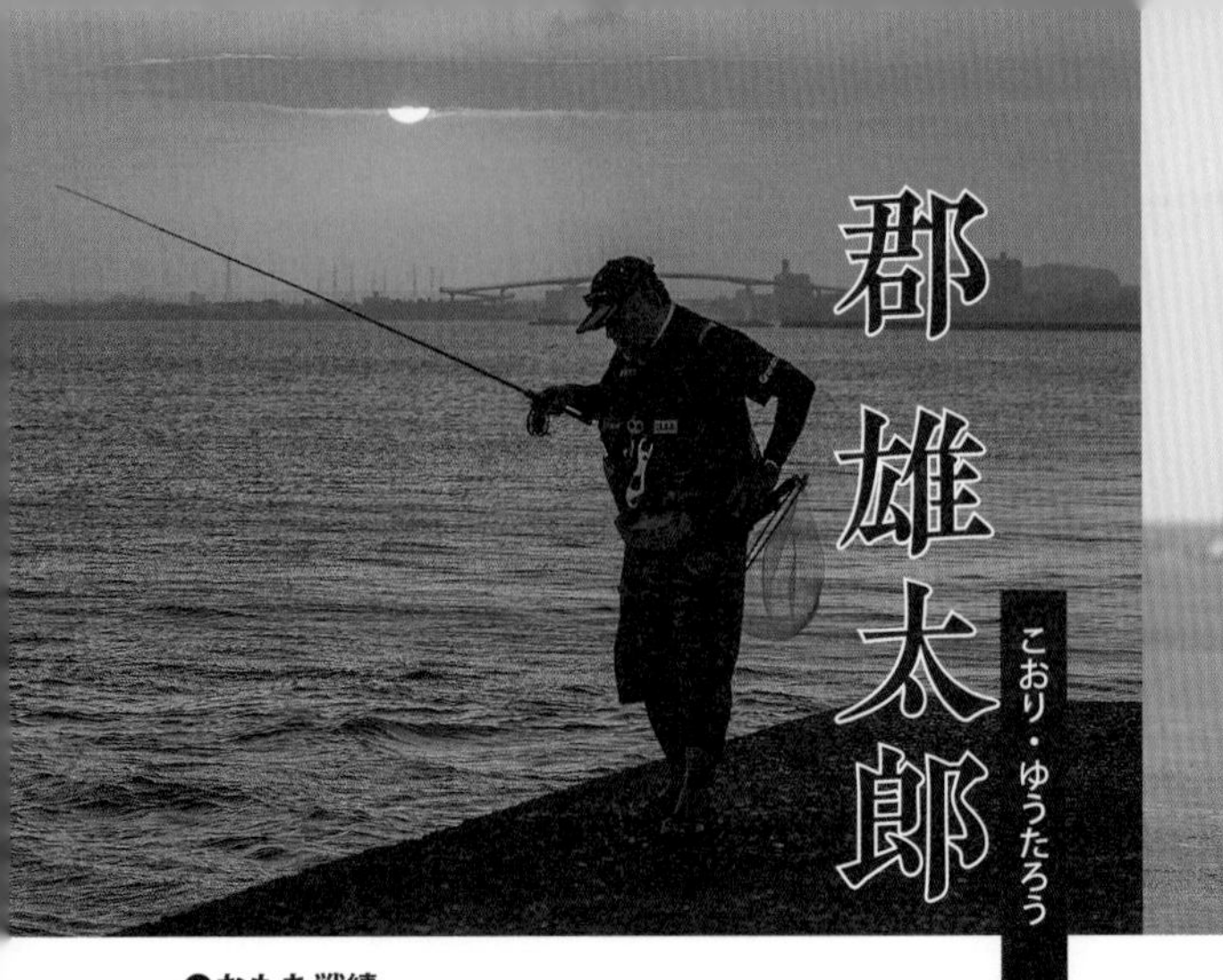

郡雄太郎

こおり・ゆうたろう

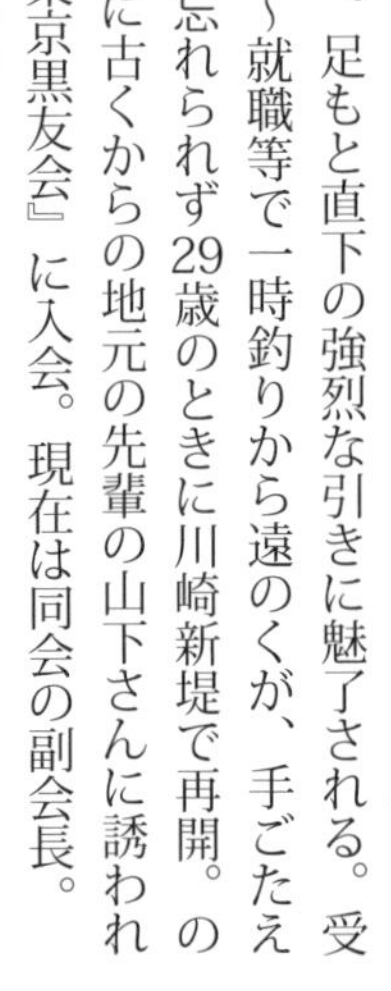

●おもな戦績
2003 年：第 1 回黒鯛工房
大阪湾落とし込みトーナメントin北港優勝
2004 年：第 4 回黒鯛工房
東京湾ヘチ釣りトーナメントin横浜優勝
2006 年：第 1 回黒鯛工房杯
瀬戸内落とし込みクラブ選手権大会
in玉島優勝★
2013 年：第 1 回東北復興落とし込み大会in山形優勝
2016 年：第 22 回ラブメイタ博多湾チヌ釣り大会優勝
2017 年：第 12 回黒鯛工房東京湾クラブ対抗
ヘチ釣り選手権大会in木更津優勝★
2018 年：第 6 回東北復興落とし込み大会in宮城
2019 年：第 27 回ダメ磯落とし込み釣り大会in川崎
★は山下会長と同チームで優勝

1950年12月生まれ。幼少時、親父に連れられハゼ釣りで釣りを覚え、夏には親父とアユ釣りにもよく行った。高校1年の夏休みに友人に誘われ、鶴見沖堤へクロダイのフカセ釣りに泊まりで行き、朝方、引き込みアタリで35㎝を釣る。足もと直下の強烈な引きに魅了される。受験～就職等で一時釣りから遠のくが、手ごたえが忘れられず29歳のときに川崎新堤で再開。のちに古くからの地元の先輩の山下さんに誘われ『東京黒友会』に入会。現在は同会の副会長。

FIELD TESTER

YAMAHA

ボクと山下会長

文＝郡雄太郎

18歳の頃のヤンチャ時代、深夜の遊びの最後によく寄っていたのが新宿四谷の『アメスコ』というレストランで、その店のオーナーが山下さんだった。その店では夏休みに伊豆の別荘へ従業員みんなで海水浴に行っていて、なぜかただの常連だったボクを含むサーフィン仲間4、5人を誘ってくれて、宿泊&三食無料で連れて行ってくれた。ボクらは1日中サーフィンをしていたが、山下さんは1日中麻雀していたと思う。

その後も『アメスコ』にはよく行ったが、当時、山下さんとの接点に「釣り」はなかった。

高校時代に同級生と今はなき鶴見沖提へクロダイのフカセ釣りに行き、17時から21時まで雨でズブ濡れという最悪の状況で翌朝4時までテントから出ず、5時頃に釣りを再開してカニエサでカイズ1枚を釣った思い出。その手ごたえが忘れられずに29歳で道具一式を揃えてひとりで川崎新堤に通って1年目0尾、2年目はシーズン終わりの9月中旬に34㎝のカイズ1尾。当時、

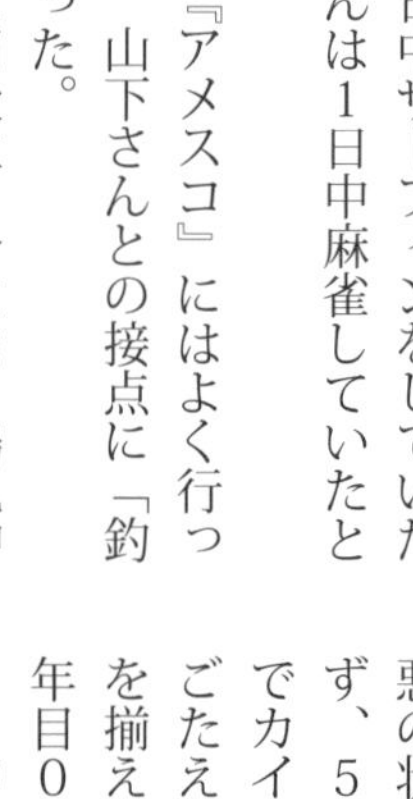

日中はマメガニ、夜はフクロイソメで底のフカセ釣りをしており、この日は逆さ桶を置き忘れたことに気づいてサオを持って歩いて取りに戻ったら食ってきた。おそらくエサがイガイの層付近まで浮き上がって食ったのだろう。でも、やっと釣れたことに感激。翌年も川崎新堤に通っているが6月中旬まで釣れず……。

当時から山下さんも釣りをするらしいと聞いていたのでそんな話をすると、「クロダイのエサはイガイだよ」と言われ「嘘だぁ！」と思った。

そして、アメスコのマスターの山下さんは『東京黒友会』の副会長で、木更津で年間100尾釣る有名人であることをあとで知った。

山下さん、もとい、山下会長から「ひとりで川崎なんか行かず6月最終日曜日にシーズンインの第1回例会を木更津でやるから店が終わる3時に来い」と言われ「行きます」と即答して今に至る。

オレと郡

文＝山下正明

縁というものは不思議なものである。夜な夜な深夜になると集まってくる暴走族ながら礼儀正しくて挨拶もしてくる。そんなグループのリーダー格が郡だった。

仲間がトラブルに巻き込まれると、3人を相手にひとりで解消。仲間想いで仲間に慕われ、男気がある。そんな男が釣りをすると知ってすぐに木更津に連れて行き、落とし込み釣りを教えた。以来、この釣りにハマり、常に一緒に歩んでいる。

郡が本格的に落とし込み釣りを始めてしばらく経った頃、クレハ・シーガーの中村さんと郡と私の3人で、東北遠征釣りに出掛けた。当時の私の愛車のパジェロに乗り込み、日本海を青森まで北上。そして秋田、酒田、新潟、直江津と、それぞれの釣り場を見て、サオを出し、関東流の落とし込み釣りが通じるのかを検証しながら1800kmを釣り歩いた。もう二度と経験できないだろうと思う。旅の最後が木更津というのも楽しかった。

そんな郡と出会ってから50年の歳月が流れ、大好きだった親との生活よりも長くなった。若いときの5歳差は大きいが、今でも同じ距離感で接してくれる。相変わらず郡がいないと成り立たないとおんぶに抱っこ。これからもよろしく。

【落とし込み釣り】堤防にいるクロダイは釣れる！

半世紀の集大成が
今明らかに

山下正明
郡雄太郎　著

【落とし込み釣り】堤防にいるクロダイは釣れる！

半世紀の集大成が今明らかに

クロダイ落とし込み釣り 金言・格言30

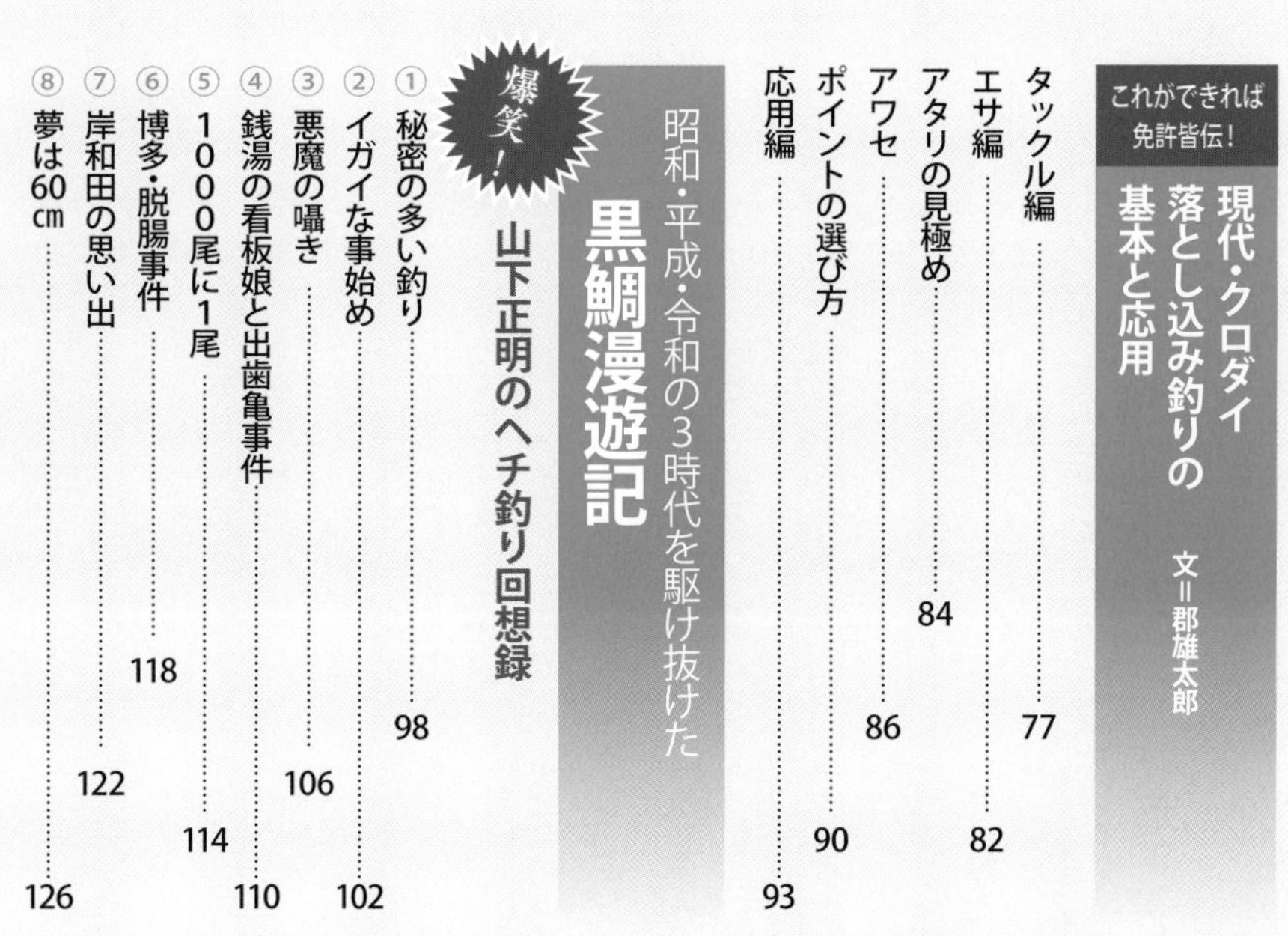

これができれば免許皆伝！

現代・クロダイ 落とし込み釣りの基本と応用

文＝郡雄太郎

昭和・平成・令和の3時代を駆け抜けた 黒鯛漫遊記

爆笑！ 山下正明のヘチ釣り回想録

爆釣！ 郡雄太郎の海辺の事件簿①〜⑧

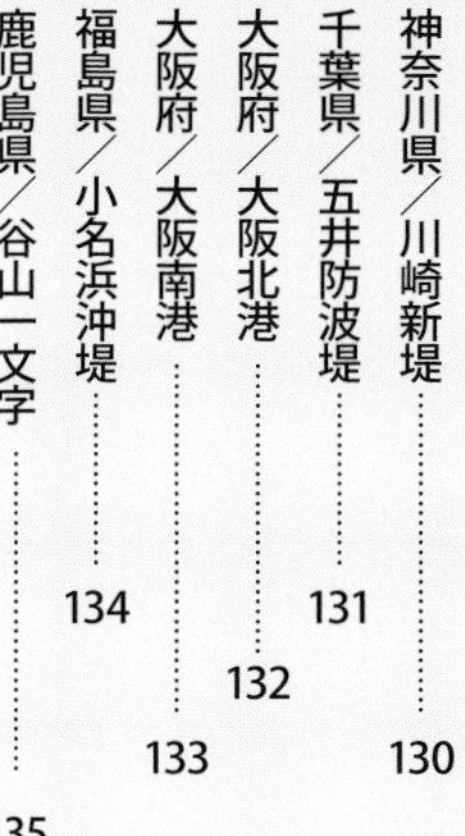

いま行きたい また行きたい釣り場 6選

BOOKデザイン／佐藤安弘（イグアナ・グラフィックデザイン）
イラスト／堀口順一朗・久永広太郎
写真協力／葛島一美・松本賢治・工藤孝浩

落とし込み釣り今昔

山下正明

昔の落とし込みはこんな釣り方だったんだよ——と、今の釣り人に話しても、「へえ、そんな釣り方だったんだぁー」のひと言で片付けられそうだ。

サオは７：３の先調子。長さは２・５m前後。素材はグラス。カーボンと比べると強度は低くて持つと重かった。

リールはＶＰ25という１０００円でお釣りが来るくらい安価なものだった。そんなリールにアメリカ製の黄色いストレーンの６ポンドを１００m巻いた。ハリスはシーガーマックス。当時１３００円だったと思う。ハリス１・５mをミチイトとチチワ同士で結び、ハリは伊勢尼の６号。ガン玉は３Ｂ～４Ｂをハリのチモトに打ち、エサは豆ガニ。

これが今の落とし込み釣りの原型になっている。この頃はまだイガイ＝カラスガイをエサには使っていなかった。

クロダイが釣れたときはサオを両手で持ち、頭の上でリールを押さえて、クロダイの引きに合わせてサオを上げたり下げたり。魚が浮いてくると長い玉網を肩から外して取り込みをした。

今のサオはカーボンまたは竹。釣り

方や道具類は昔からさほど変わっていないように思えるが、実は快適さがまるで違っている。

リョービ主催の全国大会が人気のきっかけを作ってきたと思う。5人1組のチーム戦で、私も第6回大会から東京チームの一員として参加。大阪湾や東京湾で開催されたが、木更津沖堤での大会で東京チームが優勝してから落とし込み釣りの人気はピークを迎えた。

そのリョービが発売した落とし込み専用ザオの竹心竿や夢幻海は大人気となった。このサオをプロデュースしたのが、今は黒鯛工房で社長を務める井上昭彦さんだ。井上さんは当時のサオのよさをそのまま感じさせるBB4やセレクションを作り出してきた。サオのトップにはチタンを使い、クロダイのアタリをサオ先で取れるようにした。

今までやってきた落とし込み釣りのようにラインでアタリを取るのではなく、わかりやすく言えばサオ先や手もとまでアタリが明確に伝わってくるのである。究極のサオと言えるかもしれない。

昔の釣りの原型はこうだったよと言っても、今からこの落とし込み釣りをやってみようとする人たちはネットで検索し、YouTubeの動画でいろいろなことを覚えるのだろう。仲間の情報も釣果もリアルタイムでわかる。これが今の落とし込み釣りの現状で、少しセンスのある人が今年のような当たり年の東京湾でこの釣りを始めたら、1日歩いて10尾、いや20尾と釣ってしまうだろう。

今まで長い時間をかけて体験したこと、聞いたこと、見て覚えたことを、たった1日の釣果がすべて教えてくれるかもしれない。

しかし、長い時間をかけて体験したことは無駄ではないし、ネットで検索した情報もこの釣りのすべてではない。

そもそも、落とし込み釣りは秘密の多い釣りであり、発展途上の変化の多い釣りであり、何より独学では限界のある釣りである。

この本の中に散りばめられた歴史や秘話、テクニック考、タックル考は大いに役立つことも多く、ネット検索では出てこない情報もある。そして独学では限界があることに対するアンサーまで書いてある。つまりはあなたの落とし込み釣り人生にプラスになると確信している。

東京湾の落とし込み釣りの楽しさと難しさを知っている人は驚くかもしれないが、最近では、まるで冬の霞ヶ浦のタナゴ釣りのような釣果が上がっている。50尾、60尾と釣れるのだ。クロダイが。どうしてだろう。夢のような話なのだが、同時に少し寂しくもある。

つい最近までクロダイという魚はとても威厳があった。1尾釣りあげると周りの釣り人が羨ましそうに眺めていた。その視線がたまらなく嬉しかったのに、最近のクロダイと来たら、どうしたものか。もっと品よく食ってこい。まるでコマセに集まる外道のようじゃないか。私が追い求めてきたクロダイという魚はもう少し品があった。

しかし、こうした貪欲さも含めてクロダイという魚の魅力であり、かつてはクロダイどころかサオを出してみようかとすら思わなかった運河や水路や、あちらこちらでクロダイの姿を見る。

これまでクロダイを意識していなかった人たちがクロダイをねらい始めている。やはり、クロダイは今も気になる存在であり憧れのいぶし銀なのだ。

まさに入れ食い状態で、味気無さを感じた釣り場も、いつもそんな天国モードであるはずもなく、地獄モード、通常モードを繰り返すことで、余計に価値を高めている節もある。

なんということはない。昔も今も、釣れても釣れなくても、我々はクロダイという魚が気になって仕方がないのである。

この魅力ある魚とたくさん出会いたいなら、浅ダナのアタリを取ることだ。釣れない人はそこを通過させてアタリを見逃している。潮が高いとき、濁りがあるとき、波が高いときなどは特に細心の注意を払い、1ヒロから2ヒロまでは目を離してはいけない。1ヒロで止め、また落とし、2ヒロで止め、また落とす。これが肝要だ。

釣れる人は誰よりも早く落とし、誰も攻めていない所を釣り歩き、人がねらうよりも先に探っていく。

釣る人は釣れない人の二倍も三倍も歩いているし、二倍も三倍もオモリやハリを交換しているし、二倍も三倍も気になる所に入りなおす。

この釣りにはセンスも求められる。今そこに立っている釣り人は、今そこで釣ろうとしているのではなく、30分後の時合にその先の曲がり角で食わせるつもりでいるのかもしれない。気づくとその人の姿はなく、先ほどまでいた所とは真逆の所でサオを曲げているかもしれない。

長年の勘。パターンの蓄積。研ぎ澄まされた感性。これを覚えなさいとは言わない。

読んで、見て、聞いて、釣って、考えて、センスのある釣り人を目指そう。

クロダイ落とし込み釣り

金言・格言30

覚えておいて損はない。
その道の先達たちが気付いた傾向。
知っておかなければならない。
マナーやルールや心得。
これら30の言葉を噛み砕いたとき
一歩成長した釣り人になっている。

金言・格言

01『落とし込みは堤防最強のクロダイ釣り』

山下　オレたちのホームグラウンドは千葉県の木更津沖堤という釣り場で、水深は水面から底まで浅くて3m、深くて8m。つまりサオ1本分のワンストロークで全部探れる。その中でも熱いのは水面下1~2mの浅ダナなんだけど、以前の木更津沖堤のクロダイ釣りはそれよりも深いところで成立していた。

一応タナの釣りもあったけど、多くはいわゆる「トンキュー」と呼ばれた底の釣り。つまりトンッとエサが着底したら、アタリがあってもなくても空アワセを入れる。たまたまクロダイが食うタイミングと重なればうまいことハリ掛かりしてキューっとサオが曲がるという釣り。

でも、クロダイは底だけにいる魚ではない。そのことに違和感を覚えた我々が、もっと浅場で、タテに落として釣れないかと試行錯誤してきたのが、今の落とし込み釣りの始まり。

郡　そうですね。堤防からのクロダイ釣りには、ダンゴ釣りや投げ釣りもある。それぞれに特徴や強味があるけど、ボクは総合的に見て落とし込み釣りこそが最強だと思う。

というのもクロダイってびっくりするくらい浅いところに浮くし、そんな魚ほど活性が高くて連発する。もちろん、岸に寄らない魚は投げる釣りが合っているし、ダンゴや寄せエサには強制的に活性を高めて寄せる力がある。だけど射程圏内に入ったクロダイをねらうなら、これほど理に適った釣り方はない。そして落とし込み釣りが他のクロダイ釣りと圧倒的に違うのは釣り座を決めないこと。それこそ1投ごとにバンバン歩く。待つのではなく寄せるのでもなく自分から魚に近づこうとする攻めの釣りが落とし込み釣り。

山下　原始的な仕掛けだから、ハリやオモリといった道具すべてがベストのポケットに収納できる。余計な荷物が少なく身軽でたくさん歩けるからクロ

堤防からのクロダイねらいにはいくつもの釣法があるが、最もスピーディーに口を使わせることができるのは落とし込み釣りだと思う

ダイとの出会いが増える。釣りは身軽であるほど楽しいと思うよ。

郡　最強というと語弊があるかもしれないけど、釣りを開始してすぐにサオを曲げることができる釣り、最短最速でクロダイをキャッチできる釣りだと思う。

しかも、そのアタリの出方で魚のいる層を推測できるから探るタナも絞り込める。するとさらに効率よくスピーディーに探ることが可能になる。

山下　それは間違いないね。ただ、水面に入って底に着くまでが「タナ」なので、1ヒロ、2ヒロというアバウトな表現にしている。人によって1ヒロの長さも変わってくる。ウキ釣りや船の沖釣りのように「底から●m」とか「ウキ下は●cm」と決められない曖昧な釣りが落とし込み釣りのよさであり、この曖昧さによって出会いが増えている部分もある。

渡船で堤防に渡り、先端側に向かって仲間が歩いている間にもうサオを曲げることのできる釣りが落とし込み釣りだ

郡　実際、大阪湾のスリットなんかではマスの外へアミコマセを撒くウキフカセ釣りやエビ撒きのそばで釣ることもあるけど、そうした寄せエサで活性を上がったクロダイでも、その隣のマスの中の落とし込みでバンバン釣れることがある。手返しよく探れる短ザオの醍醐味だと思う。

山下　もちろんオールシーズンで最強ではない。でも、クロダイがエサを食べに堤防に寄る、もしくは堤防周りに生息している季節であれば、これ以上の釣りはないと確信している。

それを象徴しているのが2020年の東京湾。千葉の五井沖堤も、神奈川の川崎新堤も、夏から秋にものすごい釣果をたたき出していた。川崎にいたっては三桁釣りなんてことも起きている。すると、それまでウキフカセをしていた人も、投げ釣りをしていた人も、最後にはそのタックルでヘチにエサを落とし込んでいた。そして次の週にはヘチ釣りタックルになっていた。つまり、そういうことだよ。

ほかの釣りよりこの釣りが優れていると言っているのではない。適した季節にクロダイが堤防付近に寄っている条件ではかなり釣れる釣りということだ

金言・格言

02

『イガイはコメ』

山下 東京湾のクロダイ釣りのエサはなんといってもイガイ（カラスガイ）。我々日本人にとってのコメのような存在で、当たり前に食べる主食がイガイ。でも実は自然界においてイガイが壁面に沿ってユラユラと落ちてくるシチュエーションなんてそうはない。

例外があるとすれば、仲間がヒラを打ちながら壁面の貝をむしり取っていて、食べこぼしの貝が落ちるとか。北港のマスの中でエイがバシャバシャと音を立てて貝を貪っているときも、その下でクロダイが食べこぼしを待っているということがある。

郡 風があったり波が高かったりと海が荒れたときのほうがクロダイの食いが立つのは間違いのない事実で、こうしたシチュエーションのときのほうがイガイなどのエサが壁面から剥がれ落ちやすいからだろうとは思う。

山下 この釣りで風や潮が当たる面を探るのがセオリーなのはそういうこと。少しでも波立てばイガイのみならずイガイの層に潜んでいたエビやカニやイソメが流れに揉まれて落ちるかもしれない。でも、それは余程の幸運で、通常はしっかりと壁面に付着しているイガイを口でむしり取るようにして食べている。それでもなかなか落ちないくらいしっかりと付着しているから、イガイの先端だけがかじり取られているものもよく見るよ。

郡 食い気があると身をよじってヒラ

びっしりとイガイが付着している堤防ではエサで悩む必要はない。イガイ一択でいい

を打ちながらイガイを食べているのが見えるときもある。寄せる波に乗じて寄ってきて、波が引いてもそのままガジガジ食べているのもいる。よっぽど好きなんだろうなあって思う。

山下　こうしたイガイは干満差で水没したり露出したりする層に多く付着する。完全に露出してしまえばさすがに食えないから多くの場合は満潮前後の潮の高い時間帯に食いが立ちやすい。

つまり、イガイの付着する層を考えても、この釣りの主戦場が底のわけがないことがわかる。

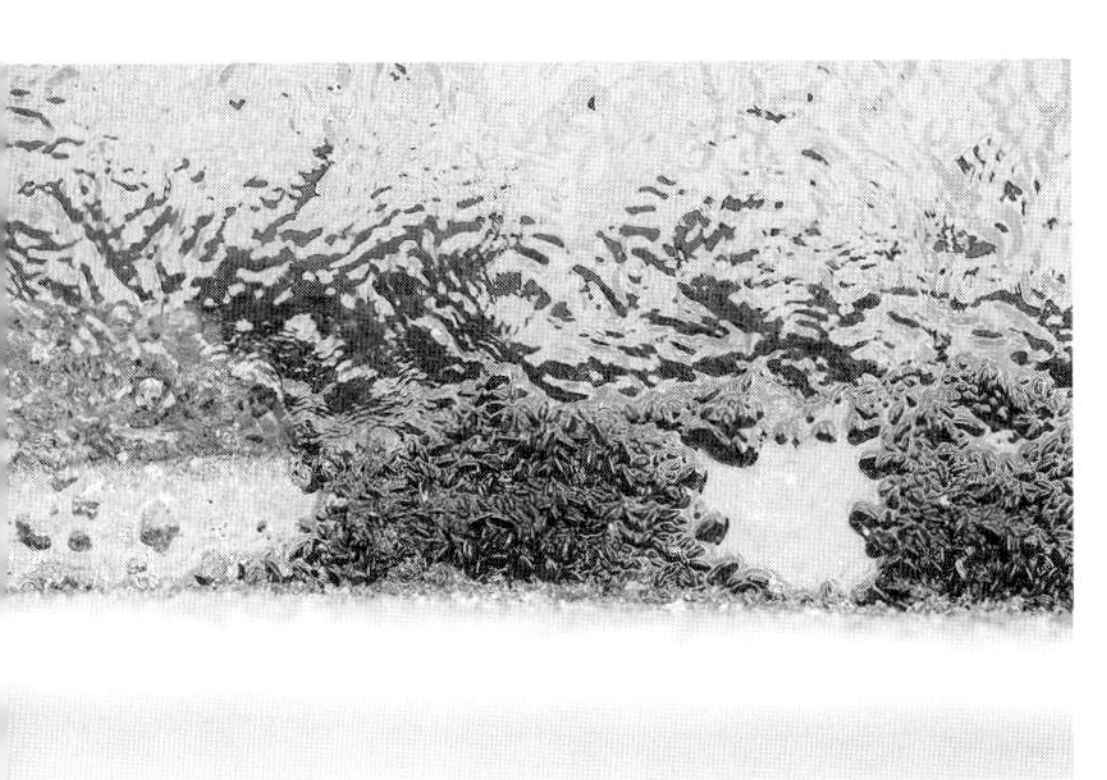

イガイはおもに満潮時に浸り干潮時に露出するあたりの表層付近1～2mに付着することが多い

郡　太平洋側は干満差があるので1mくらいの長い幅にイガイの層が付着しているけど、新潟や秋田などボクがよく行く日本海側の釣り場は干満差が少ないからタテに伸びることなく立体的に手前に層が伸びている。

山下　ただし日本海全般に言えるのは、あんまりイガイの付きはよくないということ。それは海がきれいすぎるからかもしれない。東京湾のようにある程度濁りや汚れがあって、富栄養化している海のほうが多い貝なのだろう。

そしてクロダイの口ね。二重、三重に生えたあの歯は、イガイをバリバリと食べるのにとっても適しているし、肛門から未消化の殻を排出しても切れたり刺さったりしない。

オンシーズンの5月から10月いっぱいは、稚貝ダンゴ、ツブの違いはあれどイガイで間違いない。

郡　エサで迷いが消えますね。イガイはカニのように張り付いたりしないし、イソメのようにエサ取りにチョッカイを出されることもないから、アタリに対しても迷いがなくなる。だから、その釣り場にイガイが普通に付着していれば迷わずイガイを使えばいい。

高水温期のクロダイの大好物であるイガイ。そしてイガイの層の中や周りにタンクガニ、パイプ虫、フジツボ、ボサガニなどもいる

金言・格言

03

『イガイはいつでもどこでも大型でも』

山下　5月に稚貝ダンゴを使い始めて10月いっぱいまでツブを使う。そうすると、通常の落とし込みシーズンはたいていイガイをエサにしているわけ。オレ個人でいえばカニは年間に数匹くらいしか使わなくなり、今はパイプ虫もほとんど使わなくなった。

郡　ボクは今もパイプが付けばパイプは不可欠。そもそも12月、1月、2月は落とし込みで釣るのが難しい時期だけど、それでも釣れるのはパイプ虫の功績が大きい。

イガイにも好みがありますよね。会長は稚貝ダンゴが好きで、逆にあんまり大きなものは使わないですね。

山下　地方によっては親指くらいあるデカいイガイを使うところもある。それで釣れるのも知っているけど、やっぱりそのサイズを使うのは抵抗があるよ。だからデカいツブで釣ったことはない。肛門からガラスの破片みたいなデカい貝殻を出してるクロダイも見るから、自然界では食べられているんだろうけど、釣りのエサとしては硬くて装着しにくいしハリとのバランスも悪いから使う気にならない。

郡　でも、デカいエサを付けると当たらないかというとその逆でアタリが明確に伝わる。そしてデカい魚に効くというのもあると思う。

会長とは3年くらい前から九州のとあるロクマルフィールドに通っていますけど、地元アングラーが使っているイガイはびっくりするくらいデカいですもんね。思わず「え、こんなの使うの!?」って聞いちゃうくらい。ボクらが普段使っているツブの直径が2㎝だ

大きめの一枚ツブと小さな稚貝のダンゴ。どちらでも夏も冬も釣れる信頼感あふれる安定エサだ

このバケツの中にある大小のイガイ。釣り人の好みで大小使い分けているが、どれを選んでもクロダイは食う

としたら、あっちは4㎝はある。

山下　九州だからデカいわけではないよ。東京湾でも撤去する前の第三海堡ではデカいのが使われていたから。オレは使わなかったけど。

郡　最近ではボクも会長もダンゴ派ですからね。稚貝ダンゴだけじゃなく、小ツブの房掛けも好んで使っている。これまでダンゴというとイガイが大きく成長する前の春のエサというイメージがあったんだけど、使ってみると夏も秋も釣れる。そして実は冬も釣れることがわかった。水温が低下してイガイが堤防から落ちてしまっても、マイボートなら冬でもダンゴが取れるところがあって、それをエサにしてみたらフジツボよりもアタリが明確で、数も釣れた。

あと、マダイの堤防落とし込み釣りでもイガイダンゴが最強ですね！　これはあまり言いたくなかった（笑）。

山下　やっぱりイガイが最強ということだよ。全国津々浦々、クロダイの落とし込みが盛んなところはどこへ行ってもそう。

クロダイは雑食性の象徴で、広島みたいにカキ養殖が盛んならカキ、養蚕業が盛んなエリアならサナギ、スイカの名産ならスイカ、ミカンの産地ならミカンとか色んなご当地エサがあるけど、落とし込み釣りに関してはイガイで問題ない。

各地にさまざまな釣り方があるんだけど、真似をしようとは思わない。逆に関東流のこの釣りは、西へ行こうが東へ行こうが通用するよというスタンスでこれまでやって来たから。

郡　4〜5年前に調子のよかった木更津が今年はあまりよくなかったのも、突き詰めればイガイの付きが悪かったからだと思う。たいして離れていない五井でよく釣れたのはイガイが付いていたから。やっぱり安定してこその主食なんだよ。

毎年恒例の東北遠征ではマダイへの期待が大きい。太平洋側の福島のほか日本海側の秋田でもこのサイズがねらえる

金言・格言

04

『ときには胃の中を確認すべし』

郡　まだビギナーの頃、会長から、「魚を人にあげるなら渡船場で締めて内臓処理もしているんだから、胃の中身は絶対にチェックしないとダメだ」と言われました。東京湾のクロダイ釣りは基本的にキャッチ&リリースだけど、中には食べたいという方もいるので、そのときはどうぞとあげていた。

他人にあげたクロダイの胃の中身を必ず観察するようになると3～4月の初期はカニや海藻などが入っているんだけど、6、7、8月の最盛期はイガイがびっしり詰まっていた。雑食というけど夏はこれしか食べていないと思えるくらいだった。

それが9月の声を聞く頃になるとイガイの黒に何か白いものが混じり始める。そのうちに白ばかりになっていった。それがフジツボだったわけ。

山下　なぜ胃の中を確認しろと言ったかというと、エサが合っていなかったから。たしかに夏はエサで悩む必要はないくらいイガイ一択でよかった。でも、季節が進むと、明らかにクロダイはイガイよりもフジツボを選んでいる。エサ箱のイガイにも、黒い殻の上に白いフジツボが付いているものが目立つようになる。オレたちはフジツボだけを選って使ってめちゃくちゃ釣れているのに、郡はイガイで釣ってるからさっぱりだった（笑）。

郡　当時は会長をはじめとする名人たちは各自のテクニックやエサなどを秘密にしていましたからね。そうした秘密は門外不出で、名人同士の間でだけ情報交換をしていた。メンバー全員が認めた者には教えるという決まりもあったから会長も内緒でボクに教えるわけにいかず、かなりのジレンマがあったようですね（笑）。

ある年の8月末に、その名人たちと釣りをしたときのことをよく覚えています。まず堤防上でイガイ採りをした。普通は3～4分で各自が取り分けて釣り開始になる。ボクも早々にイガイを

クロダイは不味いと思い込んでいる人も多いが、冬のクロダイはむしろ上品な脂が乗って旨い。食べる際にはぜひ胃の中身までチェックしてみるといいだろう

春まだ浅き3月。乗っ込み前でだいぶ腹が膨らんでいるクロダイ

エサ箱に入れ終えたから早く釣りたいのに皆は雑談を続けて釣ろうとしない。そのうち「郡君、イガイ採れたんだったら早く釣りしなよ」と言われてその場を離れ釣り開始した。でも、実はそれがねらいでボクが離れたのを確認してから皆でイガイに付いているフジツボを選り分けていた。

山下　そんなこともあったなぁ（笑）。だから「お前、胃の中を確認しろよ」と言ってたんだよ。でもお前は気づいてくれない。堤防の上ですれ違うたびに「エサはあるのか？　ないならやるぞ」とエサ箱を突き出したのに。

郡　「大丈夫です。こんなにありますから」と答えるしかなかった。すると「そうか」と言って、また目の前でサオを曲げていましたよね（笑）。

山下　あのときに郡がオレのフジツボだらけのエサ箱を開けていれば「何これ？」となった。そうすれば内緒で教えたのではなく「見られた」と皆に言い訳ができたんだけどね（笑）。

例年、5月からヘチにイガイの稚貝が付着し始めるとイガイが断然強い。そして日照時間が増えイガイに付着していたフジツボが8月末頃にどんどん育って大きくなってくると黒一色だった胃の中身に白が混じり、そして9月になると胃の中身が黒から白に変化する。これがエサ変わり。

郡　ただ昔と違って魚を持って帰るメンバーがほとんどいなくなった。無意味な殺傷もしたくない。船宿のホームページに掲載するからと釣った魚をストリンガーで生かしまとめて撮影していたけど、それも魚のストレスになるし沖堤の魚の減少につながるだろうとやめた。例会も以前は船着場まで持ち帰って検量していたけど、それを長寸表彰にして現地でスケール検寸して元気なうちにリリースしているから、まず殺してしまうことがなくなった。

山下　その流れは変えてはいけない。けれど、食するときは釣りに役立つ情報をいただこうということ。クロダイは不味いと思っている人も多いけど、決して不味い魚ではない。ただ、旬は冬だから、我々の釣り方だとなかなか会えない時期に旨い魚だということ。

金言・格言

05

『特効エサは堤防付着順』

山下　我々もただ手軽だからという理由でイガイを使っているのではなく、これまでにたいていの貝類は試してきた。アサリでも釣ってる、シジミでも釣ってる、アケミガイでもカキでも淡水のタニシでも釣ってる。フジツボはもちろん、フジツボがないときに歯磨き粉のキャップや白い消しゴムでも釣った。シジミは硬くて食っても割れないだろうし、ハリも入らないから、ペンチで少し割って使ったね。

まだ春浅い3月の沖堤防でマンガンを使ってみると東京湾でもパイプ虫の存在感が増していることがわかる。そのほかカニ、エビ、ミドリイガイ、イソギンチャクなどがポツポツといったところでイガイはまだ影もない

郡　貝でいえば一時期ミドリイガイは流行りましたね。寒くなりかけてイガイが落ち始めるタイミングでイガイよりも深いところに付着する。でも五洋堤防では浅いところにも付着している。

山下　オレも一時期、ボートからの落とし込み釣りをしていて、大型船からのバラスト水（船舶の船底に積む重しとして用いられる水。貨物船が空荷で出港するとき、港の海水が積み込まれ、貨物を積載する港で船外へ排出される。ミドリイガイも元々は外来種でバラスト水により定着したといわれている）を放出しているところの周りで試したときは圧倒的に効いた。黒いイガイと交互に試してミドリだけ当たった。ただ、明確な差を感じたのはそのときくらいかな。

郡　ボクは秋にミドリは効くと思ってます。２０１８年の秋に千葉の五井堤防の赤灯台に渡ったら仲間が爆釣の真っ最中でエサは何か聞くとミドリだと言う。しばらくイガイでやるもあまり食わない。フジツボもダメ。ミドリに替えた途端、めちゃめちゃ食った。そのクロダイの腹を裂いたら、胃の中が緑一色だったかもしれない。それまで主食はずっとイガイだったのに、ある日いきなり米食からパン食に変わるという感じで、まさにエサ変わり。

ちなみにフジツボで釣ったクロダイのお腹の中は不思議なくらいに白一色。フジツボをイガイごと食べているのではなく、フジツボだけを選んで食べているとしか思えないわけ。目の前にユラユラと落ちてきたから反射的に食うということでは絶対にない。

山下　要は堤防に付着しているエサが効くということだよ。オレたちがイガイにこだわっているのも、シーズンを通じて一番安定して堤防に付着しているからで、イガイが落ちてしまえばフジツボも使う。イガイの層の中にはカニがいてイソメがいてエビがいて、これら全部クロダイの好物なんだけど、付けエサにふさわしいのはイガイ。イソメやエビじゃ外道のアタリが煩わしいしカニは張り付いてしまう。

あと貝でいえばイガイにそっくりなんだけどイガイよりも細くて汽水域やちょっと水が汚いところにもいるミジ。これもオレたちの中ではイガイの代用品でしかなくて、イガイがあれば使わない。でもイガイが付着しないでミジが付着しているならエサになるということ。

夏ともなれば壁面はもちろん、足場もすべてイガイに覆われる。こうした状況ならエサはイガイ一択でいいだろう

郡　そうですね。現地の堤防に付着しているかいないかで価値が変わりますね。数年前に名古屋港でボートからの落とし込みをやったとき、わざわざ東京湾から持って行ったイガイと現地でいくらでも採れるミジで食いが全然変わらなかった。以来、ミジに対する偏見が薄れて、イガイが手に入らなければミジを使うようになり、福島の小名浜遠征でもミジで普通に釣っている。

山下　ミジとイガイの見た目はほとんど同じだし、中身もそうは変わらない。釣り人の中にはイガイにとてもこだわって、つまむとパリンと割れるくらい殻が薄いほうがいいんだと、わざわざヤスリで削っている人もいるけど、クロダイにしたらそんなイガイよりもいつも食べているミジのほうが食べやすいのかもね。

イガイにそっくりなミドリイガイ。イガイよりも明らかにミドリイガイが付着している状況では効果がある。写真は繊維掛けの2パターン

イガイが勢力を増すまでの低水温期に最も堤防壁面に付着しているのはパイプ虫（カンザシゴカイ科の環虫類）

『タナのアタリは目で取れ』

山下　クロダイに限らず、釣りは目でアタリを感じてアワセを入れるのが一番面白いと思う。それがタナ釣りの魅力だよ。もちろん底釣りにも誘いがあって細かなテクニックがあるとわかったうえで言ってるんだけどね。

　ドキドキ感がたまらないじゃない。エサが水の中に入ってさ、いつ来るか、いま来るかと身構えて。底のアタリは手で取るけど、タナのアタリは目で取るからね。

一定速度、一定の張りぐあいで落としている最中に出たライン変化。それがアタリだ

郡　まさにそれが落とし込み釣りの醍醐味ですよね。この釣りには「それがアタリだよ」と言える具体的なアタリが少ない。だからおかしいと思ったら躊躇せずにアワセる。

　ただし、おかしいと思うような状態にすることも難しいから、気づいたら知らぬ間にエサがバラバラになっていたりする。ちくしょうと思って神経を張り詰める。するとエサの落ち方が少し遅くなったような気がする。アタリとは言い切れないけど「おかしい」と思ったのでダメ元でアワセを入れるとギューッとサオが曲がる。やっぱりクロダイだったんだって。これは他の釣りではなかなか味わえない感覚です。

山下　まさしくそのとおり。ウキにも消し込むだけじゃなくてブレるとか止まるといったアタリもあるけれど、それらとも違う、なんともいえないこの釣りだけの妙味だよな。

しかも、釣り人ひとりひとりによってアタリの出方、取り方、作り方が違うと思う。オレたちにとっては引き込みアタリでも、違う人はストップアタリと表現するかもしれない。

郡　ウキがあって目盛りがあってエサが真下にあってというものではない。そもそもウキはアタリをわかりやすく増幅して伝えてくれるけれども、こちらはイトが震えるとか入り方が遅くなる程度。ミヤク釣りと同じでイトを張ってないと穂先や手もとにもアタリが出にくい。

目でライン変化を察知して脳がアタリと判断したら身体にアワセを入れる態勢を整えておくことが大事

山下　今年（2020年）の川崎新堤みたいにとんでもなく釣れる年は、ほとんど一投ごとにアタリがあった。オレもそんな日には落とすたびに「食う」と思ってるし、実際に食ってきた。ただ、そんな状況であっても穂先や手もとでアタリを感じることはまずない。ビュンと明確にラインが走ったり引き込まれたりすることはある。でも、大半はやっぱり少し落下が遅くなるとかその程度の微妙な変化だよね。

郡　千差万別たくさんのアタリを経験できたことは本当に貴重な体験。昔あった浅間堤防、五洋堤防のベルトコンベアがまさにそうだった。ボクなんかがたまに会長に連れて行ってもらうと、これぞ落とし込み道場という感じで、教科書に書いてあるようなアタリのバリエーションをたくさん体験できたし、イトを張って落とし込んでいるとカツンとかコンというアタリが手もとでも感じ取ることができた。

掛けたあとのやり取りも、前もってシミュレーションしておかないとまず獲れなかったし、目でアタリを取って先手必勝で主導権を握ることが大切だった。ここでいろいろ学んでから直立堤防の木更津に行くと魚が行くほうに無理せずついていけばいいから本当に楽だった。

盛期の浅ダナねらいではラインの出し入れが少ないほぼワンストロークの釣り。ならば高感度のPEラインを使い、コシのないPEラインの弱点であるガイド絡みを解消した中通しザオを使うというのも有効な手段だ

金言・格言

07 『底の「釣れた」を「釣った」にせよ』

郡　2020年は絶好調だった川崎新堤もさすがに秋が深まると釣果も落ち着いてきた。近々でいえば10月14日は6時半から10時半までやって良型5尾という結果だった。

山下　全部底だろ？

郡　みんな底です。まあ川崎の底だからインコースでも8～11mはあるからまあかったるいけど釣れないときには底まで落とすしかない。

山下　特に潮が下げてイガイの層が露出しているような状況であれば深場をねらうしかない。できればタナで食わせたいけれど、結局アタリがないまま底に着いたら食うという状況。

ちなみにボクらが一般的に「タナで食ったよ」と言っているタナとはだいたい1ヒロから深くて2ヒロまで。つまり3mくらいまでのことを指す場合がほとんどだから、川崎の底の水深はその3倍以上ある。

郡　底釣りがなんで面白くないかというとサオを上げたら魚が食っていた居食いが多いから。会長が言う「目でアタリを取る」というタナ釣りの魅力が底釣りではなかなか味わえない……と思っていた。

山下　向こうアワセかトンキューか。一般的な底釣りのイメージはそうだよ。

郡　手バネザオのマダイ釣りもそうなんだけど、「釣った」というよりも「釣れた」という気持ちになる。

山下　釣れましたね、なんて声を掛けられるんだけど、あんまり嬉しくないんだよな（笑）。

郡　どうすれば底の魚が「釣った」になるか。たとえば木更津だと浅場から

普段はごくごく軽いガン玉を使うが、冬の底釣りでは4Bで一気にタナを通過させて見切る。しかし底付近からは繊細に落とし込む

水深10m前後の底のようすを頭の中でイメージしている。ケーソンの隙間に沿うように落とし、底から上1mあたりからしっかりラインを張って落とし込む。そして潮の流れを受けてエサが底付近で払い出す様までをしっかりイメージして食わせている

真冬の川崎新堤で釣れるクロダイの大半は底付近でヒットする

深場に歩いていくと徐々に半ピロから1ヒロずつ深くなっていく。A堤の浅場から着底させてサオ先を膝の高さに合わせれば、膝から下には沈んでいかないからラインが弛む状態になる。でも歩いていくと少しずつ深くなるから、基本的には弛まなくなる。それで弛むのはアタリだと判断できるから底でも目でアタリが取れる。

山下　そうすれば居食いはなくなるわな。浅い木更津はそれでいいとして、深い川崎の底をどう攻略するかだ。

郡　川崎で底をねらうのはタナでは食わないという極めて厳しい状況のとき。底から1ヒロ半ほどを集中して釣ればいいわけで、仮に10mの水深なら上から9mまでは4Bとかの重いガン玉を打って通過させ、9m以降をゆっくり操作して刻んだりしていく。

山下　あらかじめ9m分のラインを出しておいて、残りの1m分をサオの操作で落とし込んでいくわけだな。

郡　そうです。サオ先が膝の高さで9mとして、膝より上の弛みは目でアタリが取れる。

山下　重いオモリは食いに影響する？

郡　夏の盛期は浮いている魚が相手だけにBとか重くても2Bでフワフワ落としたほうがいいと思いますが、風があれば3Bまで使いますね。水深がある堤防の底釣りなら5Bだっていい。

食わないと仕掛けを軽くしがちなんだけど、タナは関係ないから2倍重くすれば2倍の手返しで探れます。底で釣れない人ほどオモリが軽い。

山下　底にするかタナにするか、明確に判断しないといけない。だらだらとタナも探って、そのまま底も探ってというのはない。底なら徹底して底ねらいにするべきだし、タナを探るならやっぱり繊細さが求められる。どっちつかずの中途半端なやり方を続けていると、いつまでも「釣れた」なんだよ。

ただでさえ価値ある冬のクロダイ。サイズもよくライン変化でしっかりアタリを察知して納得のアワセが決まっていれば会心の「釣った1尾」になる

金言・格言

08

『釣果は歩いた距離に比例しない』

郡　川崎新堤といえば東京湾黒鯛研究会に所属する湯浅尅倍さんはもう90歳だというのに現役で、今シーズンも堤防でお会いするけどお元気ですよね。

山下　2018年に野島防波堤で開催された「第13回野島杯」に87歳で出場されたときも45cmを釣って3位に入賞しているんだからすごいよ。

郡　やっぱり落とし込み釣りはよく歩くので健康にいいのは間違いない。船釣りなどと違ってとにかく歩くから。

もちろん正しくは「釣果は歩いた距離に必ずしも比例しない」であり、たくさん歩くことはこの釣りにおいて必要不可欠だ。ただし、ただ歩けばいいってものでもない

山下　この釣りにはそもそも釣り座がない。とにかく歩く。ただ散歩していたんじゃつまらないけれど、釣りたい一心でどんどん歩くのがいいんだよ。

　とはいえオレも今年で75歳。視力はもちろん、最近はちょっと足腰も弱ってきて、木更津なんかは全然問題ないけど川崎のアウトコースみたいに足場の高いところの昇り降りはかなり場所を選ぶようになった。

郡　いやいや川崎新堤のアウトコースにスイスイ昇り降りできるだけですごいですよ。会長は麻雀も現役で徹マンもへっちゃら。釣れる時間帯にはボクらが休憩中でも全然休まないし（笑）。身体を動かし脳味噌も使っているから元気なんだと思う。

山下　それはあるかもね。釣りと麻雀は頭も指先も使うから脳トレにいいらしい。今でも衰えていないよ。

郡　昔は木更津の潮止まりに一旦上がって麻雀をよくやりましたね。珍しくボクが大勝ちして「見たか！　たまにはこうして取り返さないと！」なんて喜んでいると、2回戦の渡船時間が迫っているから、会長が「参りました、ほらっ」と言って手を差し出す。ボクがきょとんとしていると「ほら、しっぺしろ。遠慮するな」で終わり。参っちゃうよ（笑）。

山下　まあ、なんといったって元気の素は落とし込み釣りだよ。それも気の合う仲間たちと定期的に集まって、馬鹿を言い合って、釣りで切磋琢磨して、自然相手に楽しみながら歩くというのがいい。川崎新堤みたいに長大な釣り場だと1日やって5000歩から8000歩は歩くからね。もっと釣りたいという欲求があるから、前へ前へと進んで、結果たくさん歩く。

しかしそれが釣果アップに貢献しているのかというと、必ずしもそうではないことに最近気が付いた。

郡 歩いた距離は釣果に比例しないということ？

ときには「ここぞ！」と思えるコースのピンポイントを何度も何度も落としてみる

山下 比例するといえばするんだけど、ただ歩けばいいわけじゃない。むしろ、釣れた理由はその場所や条件にあるわけで、むやみに先へ先へと行くよりも、行っては戻って再現性を求めたほうがいい。

郡 木更津なんてまさにそうだし、他の堤防でもヘチ付近に根があるなど、ある程度は条件で釣れる場所が決まってくる。

山下 釣り始める場所だってやっぱり以前に釣ったところからチェックして、再びそこに戻ってくる。釣れた場所には理由があるから。それをよく知っているから湯浅さんは若い人に負けず釣っている。

ただ今年のような釣れっぷりだと、若い人のほうが健脚で目もいいし動作もスムーズだから、オレらが20尾だ30尾と釣っているときは30尾だ40尾と釣るよ。きっと。

郡 すさまじい釣れっぷりだったけど、飽きることはなかったですね。もともとそんな釣れる魚ではなかったから、とにかく1尾1尾のアタリや引きを楽しんだ。足もと直下の強烈な引きを存分に味わえるやり取りは短ザオだからこそです。

「やっぱりここで食ったか」「やっぱりこの条件で食ったか」という読みが当たればしてやったりの笑顔になる

山下 この釣りの面白くて難しいところは、こんなに入れ食いでも数日後にはまた0〜2尾という渋い釣果になってしまうところ。

郡 で、終わってしまったのかと思うと翌週にはまた10尾、20尾と釣れる。読めない状況というか、想像のはるかに上をいく事態に何度も遭遇するからこの釣りは飽きることがありません。

金言・格言

09

『キザミは自然落下より釣れる』

山下　キザミは簡単に言えば、ここがタナだろうと思えるところでエサの落下を一度止めること。オレなら、たとえばミチイトとハリスの接点、だいたいハリから90㎝のところにヨリモドシがあるので、ここでストップ。ここから30㎝刻み、40㎝刻みで落としていく。

　これは常にそうしているのではなくて、釣れるときにやる。釣れるときほど、この誘いが効くんだよ。

キザミで誘って食わせた1尾。落下途中の一瞬のアタリに即座に反応しないといけないスリリングなゲームだ

郡　誘いの一種ですよね。ルアーでもただ巻きがいいときもあるけど、ストップ&ゴーが効いたり、トゥイッチが効くこともある。いずれも止めた瞬間が食うタイミングになる。それと同じことだと思っている。

山下　必ずしも自然な落下が一番というわけではない。エサの動きを制御することで食い気を促したり、アタリを出やすくする。

郡　そうです。あとは個人的に仕掛けにはイトフケを作りたくない。イトフケがあるとどうしてもアタリの出方が遅れたり、アワセが遅れてしまうからできるだけ張りながら落としたい。だから余計にキザミを多用していく。

山下　イトを張るとクロダイの食いに影響はある？

郡　張ったほうがアタリは明確です。

山下　オレは張りっぱなしで釣ろうとは思わない。刻んだらまた弛ませて張るまで待つ。そうしたイトの動きを見て釣るから。

ラインを直下に見てしまうと点になってしまう。斜めに見ることで、点ではなく線でアタリをとらえられる

郡　張りたいですがピンッと張った状態で落とすなんて絶対にできません。なるべくイトフケを減らしたいということです。ストップで刻んで、そこから張って落としているのに弛んだらそれがアタリ。

山下　オレと郡の差はオモリの差でもある。オレは基本的に軽いオモリを使うし、どんなに風があってもイトは自分の身体の正面の範囲で動いていないといけない。

ラインを張ってエサの落下を止めるキザミ。不自然ながら仕掛けのコントロールがしやすくアタリも増える

郡　たしかにオモリはボクのほうがワンランク重くて、会長がBならボクは2Bという感じ。それはエサに興味を持たすには速度が大きく関係すると思うから。フワフワもいいけどもう少し速い落としのほうが誘えるときもある。そのときにBを打っていれば2Bや3Bの速度にはできないけれど、3Bを打っていれば制御することで2Bの速度にもBの速度にもなる。だからボクは浅ダナねらいでもBではなく2Bを打っている。

仕掛けの操作は、ボクはイトを直下に見たくない。それは点になってしまうから。斜めに落として線で見たい。

山下　オモリを吊り下げて落下速度を制御するからイトが張るんだな。

郡　そうです。イトを張るのが好きなのはそれが理由です。

山下　なるほど。オレは違うんだよ。船釣りをしているとさ、波風で船が揺れたり上下して、仕掛けがフワーと持ち上がって、フワーと落ちてくる。このときに魚が食ってくることが多いのは、それが誘いになっているからで、落とし込み釣りでもそのフワーを作りたいと考えている。

郡　食うかもしれないけどイトフケが大きいほうがアタリは出にくいしアワセは遅れる。だから張りたい。

山下　オレがフカセているといってもほんの少しだよ。アワセが遅れるほどじゃない。

郡　ボクが張るといってもほんの少し。魚の食いに影響するほどじゃない。でも30㎝もイトが弛むのはイヤ。

山下　オレは風によってイトをはらませたいくらいだから、これがスタイルの差なんだよ。

金言・格言

10

『早くマスターすべきは自分の釣り』

大阪北港で開催している『全国黒鯛落とし込み釣りクラブ対抗選手権大会』。この人的プレッシャーに加えて関東ではあまり見られない形状の堤防。しかし、自分の釣りを見失わなければどこでも通用すると信じている

山下　今のキザミひとつとっても、考えも違えばオモリも違うし落とす速度やイトの角度までみんな人それぞれ違うわけだ。

郡　みんな同じなら教える人はひとりいればいいわけだし、ひとつの教科書でいいことになる。でも実際にやると十人十色の個性が出るのが釣りというもの。

　ボク自身でいえばこの釣りを一番教わったのは会長からだし、一番影響を受けたのも会長。だけど完全なコピーにはならないわけ。

山下　落とし込み釣りの基本はそこなんだよ。人に聞くことは勉強になるけど、それをどう取捨選択してどう取り入れて自分のスタイルにするかが大事なんだ。

郡　ボクなんかは教わったことは自分の引き出しにしまう。聞き流したり捨てたりはしないから引き出しの数は相

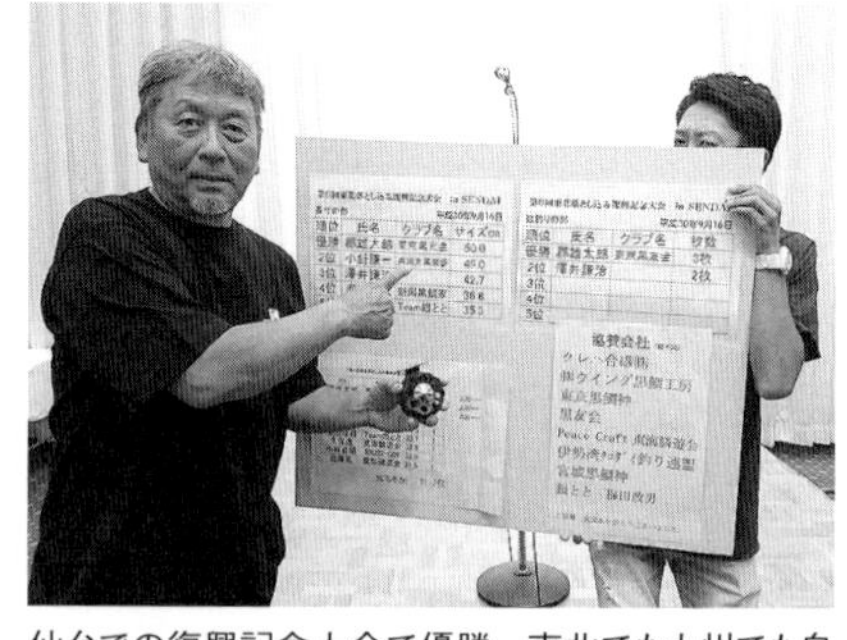

仙台での復興記念大会で優勝。東北でも九州でも自身の釣りを貫けば結果がついてくると信じている

瀬戸内海での大会でも東京湾流の釣り方で優勝

当ある。その中には常に使う引き出しと、自分の釣り方では釣れないときに開ける引き出しがある。

山下　常に使う引き出しというのが自分のスタイルで、まずはこれを確立しないといけない。ここを確立しないでほかの引き出しも次々に開けてしまうと自分のスタイルどころか釣りそのものがめちゃくちゃになる。

郡　あの人はこう言った。この本にはこう書いてある。それをすべてそのまま取り入れるのは無理。やっぱり自分なりの癖や所作があり、それに上手くアレンジさせていくと武器になるし、それが自分だけのスタイルになる。逆にワンパターンの釣りも一番ダメ。

山下　まさにそれなんだよ。自分の釣りを自分でマスターしないと前に進まないから。引き出しは多いに越したことはないけれど、やたらめったら引き出しだけあっても使いこなせてなければ意味がない。だったら少ない引き出しでも自分の型がしっかりあるほうがまだいい。

郡　それが何かというと先ほどの底釣りなどの話につながっていく。２Ｂとかでゆっくり底まで落とすのか、４Ｂとかでタナは一気に通過させて底をしっかりねらうのか。これもスタイルだから。

山下　自分の釣りはこうなんだよというものが決まっている人は強いよ。基準となるブレない軸があるから、発展させるにしてもすべて基準をもとにした発展だから。

東西のアングラーが交流することで東の釣りが西の釣り場でも有効であることがわかった

郡　ボクらが九州に行っても東北に行っても日本海に行ってもクロダイを釣るのは自分の釣りのスタイルをしっかり持ったうえで、たくさんの引き出しを適宜開いているからだと思う。

山下　そうだな。ものすごくシンプルな仕掛けで、ねらうポイントもほぼ同じで横並びで釣っているのに、釣果に大きな差が出たり、よく釣る人が決まってしまうのはまさにこの点だよ。

郡　そう思います。自分の釣りにこだわりすぎれば視野が狭くなる。人の意見ばかり取り入れていたら収拾がつかない。この塩梅が難しい。ただ、クラブに入って多くの人と交流を持つのはとても意味がありますよね。

金言・格言

11 『自然な誘いと不自然な誘いを使い分けろ』

郡　誘いには、落ちていくエサをいかにして興味を持たせて食わせるかと、食ってからいかにして食い込ませるかの二通りがある。

山下　これはかなりキモの部分だよ。前者の誘いは落とし込む一連の動作の中に入れる演出であって、キザミなど多少の操作はあっても基本的には極端な動きや強引なアクションは禁物。

郡　浅ダナでの誘いでいつも心掛けているのは落とすスピードの変化による誘い。強風で大荒れ時以外はノーシンカーから2Bまでの重さにしているけど、重要なのはどの重さでもストレートに落とすのではなく20〜30㎝ごとに止めて「キザミ」を入れて魚に食わすタイミングを与えること。

山下　浅いからこそ無造作にエサを着水させず、音を立てないように注意したり、波が来たときや凪のときはあえて壁面に軽くコンタクトさせてから落とし込むといい。

郡　中層から深層も、一般的には浅ダナの誘いと変わらないけど、風が強く波っ気があるときはサオ先でソフトにショートにアクションを付けてやる「リアクション釣り」でアタリが明確に出ることがある。

山下　基本は「ソフトに自然に」なんだけど、時には不自然な誘いが吉と出ることもある。特にバースなどのマンメイドストラクチャーではアタリがないからと無造作に回収するのではなく、キザミを入れながらゆっくりと上げて来ると追いかけて来て食うこともある。でもこうした誘いは凪や微風や通常の堤防では逆効果になるので要注意。

郡　底の誘いは着底後にエサを少し浮かして潮に乗せる「スライド」が有効です。

山下　ただしスライドは多用してしまうと効果が薄れてしまう。効果がある

ストレートに落とすのではなく20〜30㎝ごとに止めて「キザミ」を入れて魚に食わすタイミングを与えている

風上や潮上を意識して堤防先端部、後部の各コバ付近ではスライドを多用する。タテ方向の線は魚から見えやすいが、風の向きや風の強さ、潮流などによって仕掛けを寝かせたり、這わせると食ってくることも多い

のは着底後2～3回程度まで。だからずっと潮に乗せてスライドさせるのではなく、回収してまた最初から落とし込む。

郡　それはなぜかというと、やっぱりミチイトやハリスといったイトの存在に気づかれやすいからですよね。

その点、仕掛けを寝かせる「ハワセ」はイトのプレッシャーをクロダイに与えにくい誘いの一種。

山下　やっぱりタテ方向の線は魚から見えやすい。風の向きや風の強さ、潮流などによって仕掛けの寝かせ方、這わせ方が違ってくる。

郡　常に風上や潮上を意識して堤防先端部、後部の各コバ付近ではスライドを多用するし、潮の流れがあれば平場でもスライドを併用した誘いは効果的。

山下　底釣りでアタリが取れない居食いはクロダイ師にはあまり嬉しくないが、そうした居食いを多くさせるのもハワセの効果なんだよ。

郡　カニエサの底釣りで食いが浅いときにわざと少しイトにテンションを掛けることで反射的に深く食い込ませるという誘いもある。

特にバースなどのマンメイドストラクチャーではキザミを入れながらゆっくり上げて来ると追いかけて来て食うこともある

山下　重要なのはこれらの誘いを複合的に行なうことだよ。

郡　そうですね。タナ釣りならオモリ替えによるスピード変化→キザミ→リアクションあるいはリアクションからのキザミ。底釣りならオモリ替えによるスピード変化→スライド→ハワセなど、各誘いを試すことで食ってくることがありますから。

金言・格言

12

『上げ7分から下げ3分は飯も食わずに釣れ』

山下　イガイの層を中心に探る釣りだから潮に関しては潮位が高いほど面白い釣りができる。タナ釣りをメインにできるし。潮が大きい日は満潮だけではなく潮がなくなれば底に切り替えて上げっぱなをねらうこともできる。

ただし、潮回りに関しては一概にどの潮がいいとはいえないからオレはあんまり気にしない。小潮でバンバン釣れるときもあるし。

郡　魚は大潮で入って大潮で出ていくなんてことを昔からよく言うけど、クロダイに関しては小潮のダラダラした流れでバンバン食うこともある。潮位も木更津みたいな浅い釣り場だと干潮前後はあんまりよくないけれど、川崎みたいに水深のある釣り場なら干潮の潮止まり前も干潮からの上げっぱなもチャンスがあります。

山下　最盛期になると干潮からの上げっぱなの1時間は本当によく食うよ。

郡　そうですね。初期の頃はあんまり上げっぱなでいい思いをすることはないけれど、シーズンが進むと顕著によくなる。上げっぱなで釣れだすとベストシーズンになったなと思う。

山下　もちろん潮が大きいほどチャンスも多いよ。朝が満潮なら夕方にも満潮になるわけだから。朝マヅメも夕マヅメもイガイの層が水面より下にあるというのは、それは楽しめるよ。大き

堤防の上のランチタイムは上げ7分から下げ3分を外した時間。チャンスが少ないとわかっているから安心して栄養補給！

な落とし込み釣りの大会はそんな日を選んで実施するしね。

郡　木更津なんかはイガイの層が露出してしまうとあんまり釣果は期待できないから、いい潮位の時間だけ集中して釣るというメリハリが生まれる。ちょっと休憩したりして、上げっぱなにまた集中して釣るとか。

川崎は潮が引いても7mとか楽にある釣り場だから、引いたから食わないとはならない。

下げはインコース、上げはアウトコースとかといった潮に関するクセは釣り場それぞれにある。

山下　よく「潮が動いていないから食わない」と言うけど、逆を言えば「止まっている潮が動きだせば食い気が促される」のは間違いない。だから潮が低くても動き出す上げっぱなは食うし、下げっぱなも食う。

郡　いかに潮が動いていないとダメかの裏返しですよね。

山下　そう。実際、上げっぱなの1時間は食うし、上げ7分から満潮を挟んで下げ3分のタイミングは絶対に集中して釣っていなきゃダメ。飲まず食わず釣れとまでは言わないけれど、飯を食ったり休憩するのは下げ3分とか4分、上げ3分とか4分になってアタリが遠くなってからだよ。

郡　そうですね。これが長潮や小潮でもとから潮が動かないときはやっぱり難しい。誰かが釣れると「時合だ！」ってなるけど、それ以外に時合がわかりにくい。誰かが釣れたことで腰を上げて釣り始めるということがよくあるけど、やっぱり満潮の前後はせめて集中して釣らないといけない。

低い段のインコースに荷物を並べて高い段のアウトコースを釣る。夏場はこまめに水分補給をしながら釣るが、時合の最中ともなれば誰も下段には降りて来ない

近年の東京湾では確実にクロダイが増えており、ベストシーズンともなれば堤防のあちらこちらでダブルヒット、ダブルリリースといった光景が見られる

ほぼ同時にヒットして同時に取り込んだ直後に撮影。クロダイの食事タイムに人間が食事をしているのはモッタイナイ！

警戒心の強い魚の代表のようなクロダイが
濁っていると安心して大胆に浮いて捕食する

金言・格言

13

『濁りは○、バスクリンは×』

山下　この釣りは透け透けに澄んでいるよりも濁っているときがチャンスだよね。

郡　基本的に警戒心の強い魚はみんなそうなんだけど、濁っているところを好むし、濁っていると安心して口を使う傾向が強い。

ただし、濁っていても大量の雨水が入り込んだバスクリンみたいな水色は水潮の濁りだから、これはよくない。警戒心が強いから澄み潮もダメだけど水潮・澄み潮でも夕マヅメだけは期待できますね。赤潮もダメかなあ？

山下　雨水に泥が混じり白濁する水潮は水温が下がるから食いが落ちるね。赤潮は表層だけのこともあるから一概にダメとは言えない。いつだったか忘れたが一緒に京浜運河で表層一帯が赤潮だったけどお互いに爆釣したじゃない。タモ網のクロダイが赤潮まみれだった（笑）。

青潮は表層から底まで全層で酸欠になるから、こっちは全くダメだよ。

郡　青潮が最悪ですね。木更津は東の強風が3～4日吹くと、湾奥の海底で昔、砂を採取したたくさんの穴から無酸素の海水が強風で湧きあがり青潮になるようで五井や木更津は年に1～2回は必ずなりますね。青潮時はヘチに木っ端カレイやアイナメが浮いて網で掬えるほど魚が弱るけど、不思議とクロダイやシーバスは食いが落ちても浮いてしまうことはない。

山下　投げ釣りの親子連れなんかは喜んでカレイとか掬ってるね。クロダイやシーバスは遊泳力があるから酸欠の場所から移動するんだろうな。

木更津は夏にインコース側の南風が多いんだけど、水深が浅いから強風が吹くと底荒れする。それから2～3日すると落ち着いてきて、いい濁りが出て来る。

郡　夏場はインコースの南風での濁り潮が多いですが、台風による北風のアウトコースも激アツですよね。

山下　そのとおり！　これはどんな用事があっても放り出して一目散に行きたい（笑）。

濁りと風雨の相乗効果でタナでバンバン釣れる。これは自分の感覚だけど、曇天時に潮が黒っぽく見えるときに好釣果になることが多い。

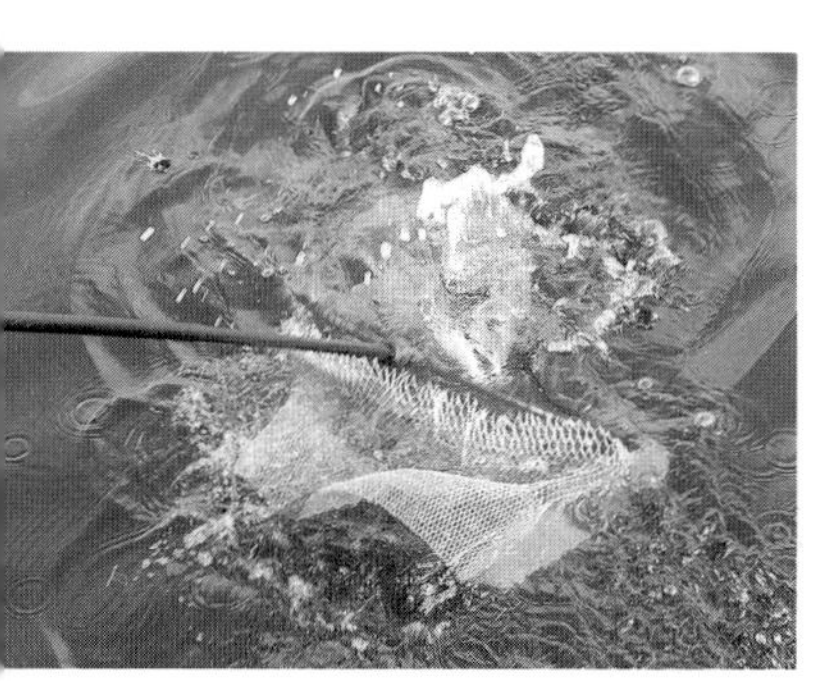

赤潮は表層だけのこともある。そんなときにはタモ網のクロダイが赤潮まみれで上がってくるが底での食いはむしろよいこともある

コーヒー牛乳色の濁りの中でしっかりと大型をキャッチ。お見事！

郡　それと濁りと潮回りはどう思いますか？　僕の潮回りデータ上では、4日大潮あとの中潮1～2日目に風が正面から当たって波っ気があり茶褐色の濁りがあれば鉄板だと思います。

山下　それは確かにいい条件だよね。ただ、風があって波っ気があって茶褐色の濁りなら潮回りはあまり気にしなくてもいいと思う。それより干満差がある大潮などでは上げ7分から満潮、満潮から下げ3分、それから潮位に関係なく朝夕マヅメに集中して釣ることだよ。

平成28年度黒友会木更津例会成績

第2回例会	6月6日	82尾
第4回例会	7月10日	93尾
第6回例会	8月3日	73尾
第9回例会	9月22日	153尾

9月22日の第9回例会は台風の影響で早朝から北の強風が吹き、堤防アウトコースは波を被っていつ中止になってもおかしくない状況だった。悪天のため参加者も18名と少なかったが各堤とも浅ダナで当たりっぱなし(特にB堤)。5時半から12時までで136尾、天候が回復した13～14時は17尾だった。

金言・格言

14 『北と南のアゲインストは絶好』

山下 次のテーマは風。これは濁りなどと違って一概にどうこうは言えない。釣り場の向きによって全然違うから。

郡 そうですね。ただ言えるのは追い風（フォロー）よりも向かい風（アゲインスト）だと当然波が立つので警戒心が薄れますからね。特に木更津は歴然と差が出ます。

正面からの強いアゲインスト。ラインは大きく手前にはらんで釣りにくいが、こんな状況のときにクロダイは活性を上げる

山下 木更津でいえば東が吹けば間違いなく澄むし、西が吹けば水が冷たくなる。だから、どちらもいい釣果はあまり望めない。木更津なら北か南になる。西は夏場にはあまり吹かない。

郡 これは先ほどの濁りと同じ話になってしまうんだけど、なぜその風がいいのかと言えば濁るから。木更津でいえば南が吹けばインコース、北が吹けばアウトコースが濁りやすい。

山下 それも吹き始めより、2～3日続いてその向きの風が吹くことによって湾全体が濁る。これが絶好なわけ。逆に木更津から富士山がくっきりと見えると西風が吹いて天候が悪くなる前兆。このタイミングでいい釣りをしたという記憶がない。若い時分に前会長

曇天時に潮が黒っぽく見えるときはチャンス。さらに濁りと風雨が加わればタナでバンバン釣れる！

東が吹くと木更津は澄んでしまいやすいが、野島堤防ならそうはならない

から「今日は富士山がきれいに見えるからダメだな」と教わったけど、本当にそのとおりだね。それくらい風は重要な要素であるということ。

郡　なぜ向かい風がいいのかと言えば、警戒心が薄れるし、繊維が取れかかっていたイガイが波に揉まれて落ちやすくなる。濁りや音で堤壁にいるカニに近づいても気づかれにくい。だから魚もアゲインスト側に集まると思う。

山下　その釣り場の成り立ちが重要だよな。東が吹くと木更津は無酸素の潮になりやすいし澄みやすいけれど、野島堤防ならそうはならない。ただ、どこもフォローがいいとはならない。

　あと風が関係する話としては、どこもそうだけど夏場に無風になると虫がすごいことになる。小さな羽虫が無数に湧いて、煩わしいし、めちゃくちゃ刺してきて痒くてたまらなくなることもある。それも含めて風はないよりあったほうがいいよ。

郡　こうした自然の諸条件が釣り場にどう作用するかは最低でも一年はその釣り場に通い続けないとわからない。

山下　そうだな。釣れたにしても釣れなかったにしても、その1日では判断がつかない。同じ条件で同じようによく釣れた、あまりよくなかったということを経験することでわかってくる。

郡　たとえば夏なら、水深に関係なく潮の濁りがあって潮通しのよい場所が有望になる。潮を濁らせる要素は風だから、結局は風が重要ということ。さらに夏は日陰であることも大切な要素になるから、太陽の位置と堤防の向きも大いに関係してくる。

西風が吹いて木更津から富士山がくっきりと見えるとよくないとされるが、川崎ならインコースがザワついてよくなるときもある

山下　秋の落ちのシーズンのポイントは夏場とそうは変わらないんだけど、風が堤防に直接ぶつかる側がより重要になってくるのは台風シーズンだからというのもある。

郡　ある意味、データを取りやすい釣りだと思う。冬場はなかなか釣れないけれど潮が澄んでいるから浅い堤防なら干潮時に根や底の形状も確認できる。釣行時の天気が晴天だったのか曇りや雨だったのか、日陰ができていたか、風と潮の強さと向き、潮位といったデータをひたすら書き込んでいけば、少なくとも傾向はつかめてくるし、風の関係性も見えてくる。

金言・格言

15

『疑わしきは聞け』

郡　この釣りは不明瞭なアタリのほうが多いから、おかしいなと思ったらアワセてみる。そうするうちに、これもアタリなんだってわかってくる。

山下　「アワセ」というと大袈裟かもしれない。疑わしきは「聞く」が合っている。10㎝も聞けば食っているかどうかわかるから。アワセにしてもスピードはいらない。聞いてみて食っていると確信したらそのままスッとサオを立てればいい。

郡　アワセという動作にスピードはいらないけれど、早くアタリを察知して早く聞いてみる必要はある。

山下　アタリが疑わしいときは、頭で考えるよりも先に身体が動いて聞いているというのが理想だよ。

そういえば以前、クロダイが50尾だ100尾だとたくさん泳いでいる都内の水族館でクロダイにエサをあげる撮影をさせてもらったことがあって、とっても勉強になった。

張らず緩めずで仕掛けを落としていく。視線はサオ先ではなく海面と接しているラインにある

郡　ありましたね。最初にカニを落としてみると表層付近にいた魚たちがワーッと集まって食べにくる。クロダイはそれを遠巻きに眺めていた。

次いでフジツボを落としてみると、やっぱりフグやカワハギなんかが瞬時に食べてしまう。クロダイは離れたところで見ているだけ。

山下　そう。それで次にイガイを落とすと、同じようにフグやカワハギが突くんだけど殻は割れない。そのうちに諦めていなくなる。するとそこにクロダイが近づいてきて、数秒後、ついに口にする。これは何度も同じことを繰り返したけど、水族館の環境ではまず小魚が突いてあきらめたあとに、だいたい同じ秒数で食ってきた。

これは見えない底釣りのイメージ作りに役立って、今もこのときのことを思い出して食わせの間を作ったあとに聞きアワセをするようにしている。

郡　ボクも以前はクロダイはエサを食ったら反転するのかと思っていたけど、

何か変だなと思ったら軽くサオ先を上げて聞きアワセ

水槽で観察したらその場でホバリングして上下にも左右にも動いていなかった。ひと口で食べるのでもなく、何度もその場で吐き出したり食べ直していた。それを見て、これは向こうアワセでハリ掛かりする魚じゃないと確信しました。

山下　貝だけじゃなくてカニでもエビでもそうだった。何度も吐き出して食う魚なんだね。

郡　つまり口の中に入っている時間はコンマ数秒なわけで、だからボクは吐かれる前に聞くという動作を抜いてアワセを入れたい。

山下　オレもイガイに関しては二の矢はないと思っている。潰して吐き出したハリ付きのエサをまた口にするとは思えないから。最初に口に入れて吐き出すまでが勝負という点では郡と同じなんだよ。

郡　これまで何度もイガイをグチャグチャに潰されていることを考えてもチャンスは1回でしょう。だからボクは瞬時にアワセを入れますね。

山下　だから疑わしきは軽く聞いて、確信してから本アワセに移行するのがオレ流だね。

山下会長は小バリの効果もあって大アワセをしなくても唇やカンヌキ、口の中にしっかりとハリ掛かりするようになったという

金言・格言

16『情報過多が半信半疑を生む』

郡　ボクの場合、疑わしきはアワセを入れて、会長の場合は聞いてみるということだったんですが、アタリとアワセについても触れておきたいですね。

山下　なんにしてもアタリはイトに出るものだよ。だからオレは自分の身体より外側にイトが来ないように操作している。

郡　ボクは真上からではなく斜めから見るように心がけている。ハリスからミチイト部分をより長い線で見えるような状態にするためで、そのときの目線は海面から30㎝前後上のミチイトを見ている。

山下　いくつかのアタリのパターンがあるけれど、すべてはクロダイが食っていなければ同じスピードで一定に落ちていくことが前提になっている。

　イトの動きに変化が生まれたら、風の影響なのか、着底か壁に絡んだか、魚が食ったかのいずれかになる。

郡　その中でも代表的なアタリというものがある。そしてそれに対応するアワセもある。

　まずはストップアタリ。落とし込みで最も多いアタリで、魚のいるタナに仕掛けを落とすスピードが合っているときに多いアタリのような気がする。だから、ストップアタリが出ているときは落とし込む速度や使用オモリは変えない。実はいきなりストップするのではなく、イトが震えるような感じの前アタリの直後にストップアタリになることが多い。これは即アワセでいいと思います。

山下　となると次は引き込みアタリだな。これはヒュンッとイトが引き込まれることもあるけど、実際は弛みが取れて張る程度のことが多い。

　だからオレはここから軽く聞いてみ

タンクは丸ごとも使うがこうしてツメだけで使うことも多い。底への張り付きがなくなり余計な情報が減るためアタリに集中できる

絶対に必要ではない限り、極力カニエサは使わなくなった。理由は本命以外のアタリも増えるのと底や壁に張り付いてしまってラインに余計な情報を与えるためだ

る。聞いて魚の重みを感じたらサオを立てる。

イトがツンと跳ねるようなアタリも引き込みアタリの一種だな。

郡　底周辺で多いのはイトが左右に動くアタリ。幅にしてタバコ1本分程度なんだけど、水中に入っているイトに出ることが多い。

目線は海面より30㎝くらい上を見ているんだけど、左右の動きは視野に入りやすい。多分、違和感なくエサを食った魚がエサをくわえて動いているんだと思う。これもボクは即アワセを入れています。

当たればクロダイ。そう確信しているから本気のアワセが入れられる

山下　ストップ、引き込み、走るという3パターンが代表的なアタリで、弛む、張る、震えるといったアタリは3パターンからの派生だね。

郡　ボクはなるべくイトを張りながら落とし込んでいるから、「カツン」とか「コツン」というアタリをサオ先でも感じるし手もとに感じることもある。

できるだけイトを張ってゆっくり落としているときに多く出るアタリで、イトフケが出過ぎているときはあまり取れない。

山下　カニやエビやイソメを使うと、こうした3パターンのアタリにそっくりなクロダイではないアタリも増えてしまう。中にはクロダイのアタリもあるんだけど、「どうせ他魚か壁面にしがみついているだけ」と思ってしまうから、「疑わしき」ではなく「半信半疑」になってしまって緊張感が薄まる。

イガイを使っても100%クロダイではない。しかしカニやエビやイソメを使うとクロダイ以外の接触が増えて釣りに迷いが出てしまう

郡　だから極力イガイを多用する。クロダイとの真剣勝負をするには雑音を極力減らす必要があるから。

アタリもアワセもエサを含むスタイルによるところが大きいのが、この落とし込み釣りなんですね。

山下　どんなエサを使うのかという妙味もありながら、エサによる情報過多を避けるのがこの釣りの面白いところだよ。

金言・格言

17 『よく釣る奴ほどオモリを替える』

郡 状況に合わせたオモリを打つというのはこの釣りの基本なんだけど、これを実践している人は実は少ない。

山下 そうだな。手返しという言葉はテンポよくたくさん落とし込むこともそうだけど、面倒くさがらずにこまめにオモリを打ち直すことも含んでいる。

ガン玉はしっかりと固定し、しかし締め込みすぎないことが大切

オレもそうだけど郡も風の強さや向きに応じて頻繁にオモリを打ち直している。けどそれを当たり前にやっている人はかなり少ない。

郡 ほんの少しの差なんです。会長なら B、ボクなら 2B が基準にあって、それぞれワンランク重くするかしないかの差なんだけど、やりにくいなと思ったら迷わず替える。やりにくいけど時間がもったいないし、たいして違いもないからそのままということはない。

山下 こういう言い方は問題あるかもしれないけど、釣れない奴ほどオモリやハリを交換しない。その日の始めに付けたオモリのまんまやってる。

軽いオモリでアタリが連発している状況で、3Bの2個打ちで連発する人もいる。オモリの打ち方は千差万別。自分のスタイルを見つけたい

郡 底はともかくタナの釣りであれば波風が強くて足もとでバッチャンバッチャンしているときでも 3 B までしか使わない。つまり 2 B プラスマイナス 1 くらいの差なんだけどめちゃめちゃ頻繁に交換する。

山下 やっぱり理想とする落とし込み方があって、そのとおりに操作できないとリズムが狂ってしまうしアタリの判別にも遅れが出てしまう。非常にシンプルな仕掛けの釣りだからこそ研ぎ澄まされた状態で魚と対峙したい。

小バリ＋軽オモリ＋タラシにしてからこのような唇への外掛かりが増えたという

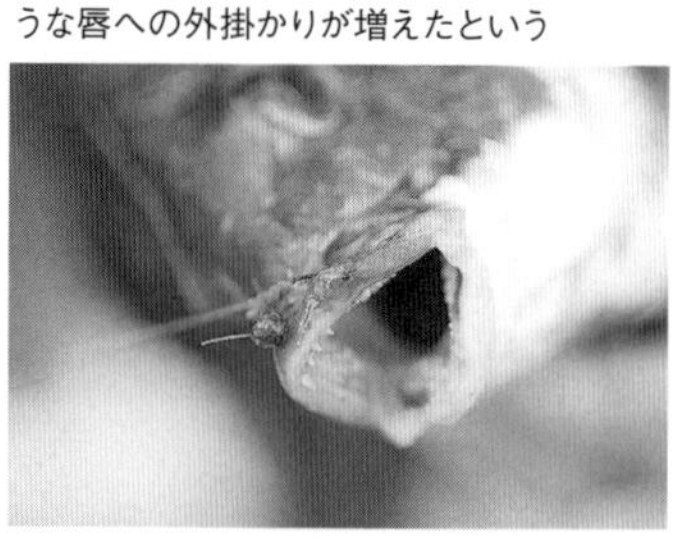

ハリやエサは決め打ちしてもオモリだけはワンパターンにならないように注意したい

郡　逆に、水深もあって波もあってというときは「4B以上を打たないとヘチに落ちていかない」という声も耳にするんだけど、そんなことはない。

ボクはサーフィンをしていたこともあって、離岸流がどう出ているか、どこでパドリングしたらいいかがわかるけど、わからない人も必要以上にオモリを重くしてはいけない。

山下　このタイミングで落としても払い出す潮に乗って沖に流れてしまうけど、このタイミングで落とせばヘチに沿ってスッと落ちていく。その見極めができたうえで最低限の軽さのオモリを選ぶのが我々のやり方。

郡　スリットの釣りなんてまさにそうです。潮の出入りを見ていれば波が出るときに仕掛けを入れても沖へ出てしまうし、潮が入るときに入れてももみくちゃになる。その間の潮が落ち着くタイミングを見計らって落とせば理想の軌道や速度になる。

山下　状況判断なんだよ。釣る奴ほど状況の変化に敏感だから、仕掛けも頻繁に交換する。

郡　いい潮が来ているときほどこまめに替えますよね。潮の入り方もころころ変わるから、2～3分ごとに打ち替えることも多い。

山下　潮が止まりかけていても、潮がいき始めても同じオモリで同じように釣っている人が多いよな。

郡はハリのチモトにオモリを打っている。オレはチモトではなく、結び目から3㎝ないし5㎝垂らした端イトに打つ方法に変えた。今はこれが主流だと思う。ガン玉を開いて付け直す手間はどちらも変わらないけど。

郡　ボクはツブもダンゴもチモトにオモリを打つけどパイプのときだけは端イトにガン玉を打つ。パイプには本当に合っている方法だと思う。小バリ派の人はほとんど端イトにオモリを打つ仕掛けが主流になりましたね。

チモトにやや重めのガン玉を打って張り気味に落とすときの仕掛け

金言・格言

18 『掛けるまではテンヤ、掛けたら素バリが理想』

郡　ガン玉をハリや端イトに噛ます釣りだから、とても大雑把な釣りと思われがちだけど、実はガン玉を打つにしても外すにしても気を遣いながら繊細に行なっている。

山下　当たり前のことだけど、チモトにガン玉を打つ場合は外から内に挟まないといけない。プライヤーで締め込んだときに、スリットに若干の隙間を残し、そこにハリスを通さないとハリスが潰れたり傷ついてしまうから。

プライヤーを使ってしっかりと、しかし軽く締め込むのがコツ。そうすれば交換も楽だ

郡　チモトとかミミと呼ばれる部分は幅が広がっているから、ここにガン玉を打って挟んでもハリスは傷まない。でも雑に締め込んでしまえばオモリ交換のたびにハリスにダメージを与えてしまう。それを心配して余計にオモリを交換しないのなら本末転倒だ。

山下　ハリスを圧迫しないように、でも操作中にはズレないように打つのがキモ。だからオレたちが魚を掛けるとその拍子でガン玉だけ飛んでいって素バリになることがしょっちゅうあるけれど、それは正しい力加減で装着しているから。

大袈裟ではなく1尾1個。今年の川崎や五井のように釣れるときはガン玉もそれなりにたくさん用意しておかないと足りなくなる。

郡　プライヤーで開いたガン玉を挟み、そこにハリをあてがったら、ゆっくりと締め込んでいく。スリットの断面にチモトがしっかり食い込んだらそれ以上は締め込み過ぎないようにしてハリスの通り道を残せば、軽く締まっている状態なので開いて交換するのも楽。よく「ガン玉を交換する時間がもったいない」という声も聞くけど、こんなもの慣れてしまえば30秒でできる。交換しない人ほど慣れないから2分とか3分とかかってしまう。

山下　端イトに打つ場合、端イトの先端に落下防止の結びコブを必ず作っている。それでも魚を掛けてやり取りをしている最中に飛んでしまうのだから、いかにソフトに打っているかということと。ましてや端イトではなくハリに打っている人は余計に繊細に締め込まないとダメだね。
　端イトの場合はガン玉を開いて打ち直してもいいし、端のコブを切ってスライドさせて取り外してもいい。その際は端イトがどんどん短くなっていくから、ある程度でハリを結び直して端イトも新しくする。
　だから最初からハリスは若干長めにしている。ハリを結びなおす回数が増えるのはハリスのダメージが蓄積されにくくなることにつながるので悪いことではない。

郡　ガン玉の硬い軟らかいはあまり気にしていないけど、あんまりにも安いものはスリットがセンターにないのがある。これはバランスが崩れるしよくない。ヨーヅリの『やわらかオモリ』はセンターバランスで交換も容易。
　あとチモトより3㎝とか5㎝上のハリス部分にガン玉を打つ人がいるけど、それも好きじゃない。直接ハリスに打てば傷が入りやすいし、微妙なアタリの伝達が少なからずガン玉で遮られてしまうから。チモトや端イトに打っておけば、クロダイの口から先にアタリを遮るものがないわけじゃない。

山下　ハリスが傷つきにくいだけではなくて、ここにガン玉があることでタイテンヤと同じようにハリが斜め上を向く姿勢になる。

郡　そう、ハリの理想の姿勢を生むためのガン玉の位置でもあるんですよね。ハリスに打ってもフトコロに打ってもこの姿勢にはならない。マダイもクロダイも色は違えど口の形など非常に似ているから違和感を与えずフッキングも決まりやすい。ハリとオモリなんだけどセットになるとテンヤになる。

チモトにガン玉を打つとハリスが傷つきにくいだけではなくハリが斜め上を向く姿勢になる

首を激しく振るファイトをするためタモ入れしてみたらガン玉が飛んでいたということは多々ある

金言・格言

19

『理想のハリはエサ次第』

現在は『チヌR』『速手チヌ』『丸貝専用』をメインに使っており、新素材の『チヌエース』も試していく予定

『丸貝専用』の4～5号はイガイやミドリイガイなどの一枚貝に使用。チョウチョ掛けでハリ先を出すため、貝のより下方部分にハリが出せればと考える。このハリは軸が長いため他のハリよりハリ先をより下方に出すことができるため掛かりがよくバラシが少ないのではと考えている(郡)

山下　ハリのチモトにガン玉を打てばハリ先との間口が狭まってしまうということにも気を遣ってきた。じゃあ、エサはどうセットしてハリ先はどうするのが正解なのかを考えてきた。それがやがて落とし込み釣りの仕掛けの基本になっていった。

　あとからこの釣りに入った人は、「落とし込み釣りにはこのハリ」と、あまり深く考えず使っていると思うけど、実はまだまだ結論は出ていない。

郡　間口を確保するために、我々は昔から軸が長いハリを探し続けていましたからね。

山下　そう。長軸なら間口も確保できてエサも付けやすいしフッキングも決まるだろうと思って使ってみた。でも、実際は違っていた。

　エサは付けやすかったけど、軸が長いとテコの原理が働いてしまってむしろハリ掛かりさせることが難しく、またバレやすくなった。太さによっては折れるというトラブルも起き、これは意外だった。

郡　ハリに関してはまだまだ議論の余地があってどれが正解か結論が出ない。最近になって会長は小バリを使うようになってきたし、ボクは一枚ツブには軸が長めの『丸貝専用』（オーナーばり）、房掛けには『チヌR』（がまかつ）を多用して、どちらもとても気に入っているけれど、それでも常にもっといいハリはないかと探している。

山下　オレは、クロダイを玉網まで導いてイトのテンションを抜いたら外れているハリが理想と思っていた。それはフッキングしていなくても口の中で

ハリが止まって魚を保持できているわけだから、サイズや形状が合っている証拠でもある。

　とはいえ実際の理想のフッキングはカンヌキや唇にしっかりとハリが刺さっていること。最近、軸の短い『チヌR』の2号などの小バリを使うようになって、90％の確率で唇に刺さるようになった。これはハリの形状だけではなく仕掛け、エサ付け方法の変化によるところが大きく関係している。

郡　昔はイガイといえばチョウチョ掛けしかなかったですからね。

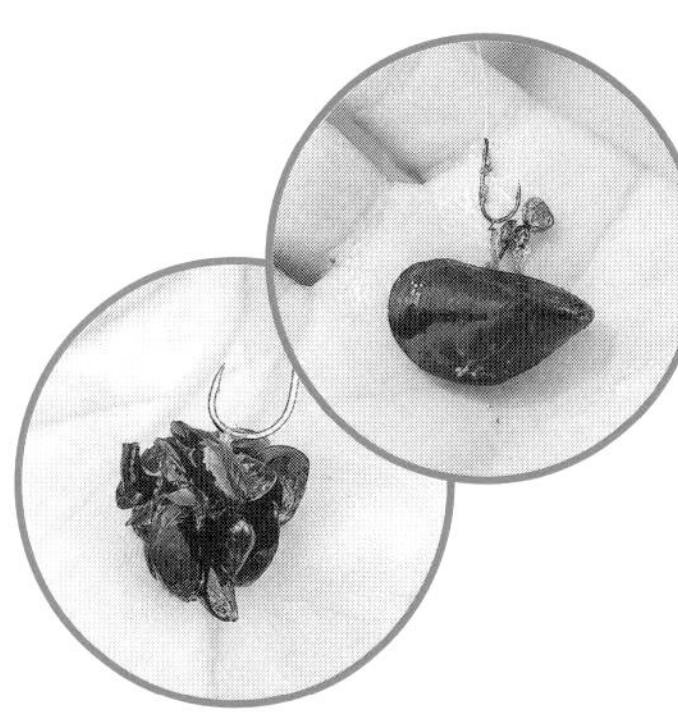

『チヌR』2号はイガイのツブの繊維掛け、稚貝ダンゴの繊維掛けのどちらにも使用。繊維掛け時はハリを小さくすることで柔らかい唇周辺に掛かることが多くバラシが減少する（山下）

山下　ところが今は一枚ツブであっても貝殻の中にハリを通したりしない。ツブも2～3枚の房掛けも稚貝ダンゴも繊維やヒゲに掛けるだけ。ハリの下にフラフラとぶら下げている。

郡　たしかに繊維装着だと長軸のハリは合わない。でもボクは今も繊維がない一枚ツブはチョウチョでやるし、貝殻の中を通すので長軸のハリを使う。あと、稚貝ダンゴの場合もハリ全体をダンゴで包んでしまうので長軸のハリで全然問題ない。ただし2～3枚の房掛けの場合は繊維掛けになるので小バリにする。

　ボクは「このハリじゃないと」というほどのこだわりはないかなあ。

山下　いやいや、郡のほうがハリにこだわっているよ。だってオレはシーズンを通じてチヌR2号の一択なんだから（笑）。

郡　会長のハリが一択なのはすべて繊維掛けになったからでもありますよね。

山下　もちろんそれもある。今のハリが一択とはいえ完璧ではない。強いて言えば小バリなのにハリ先が折れることがある。伸びることはない。

郡　ボクも繊維掛けのときはチヌRを使っているからわかるけど、硬く焼いているから本当に鋭くて貫通力が高い。硬くないと折れもしないから。

冬から春に多用するパイプ、フジツボ（写真はフジツボバリュー）、タンクには『チヌR』やフトコロの広い『速手チヌ』の3～4号を使う

金言・格言

20

『ハリスは一択、ミチイトは三択』

山下　ハリスの究極は魚から見えにくくてやり取りの際に切れにくいこと。

郡　ボクと会長は長年クレハのハリスを使っていてフィッシングショーのお手伝いもしている。海水を張った水槽にナイロンハリスとフロロカーボンハリスを入れて展示しているんだけど、見え方が全く違う。

山下　水槽の外側からの見え方ではあるけれどナイロンは存在感がはっきりあるのに対して、フロロカーボンはよく見ないと存在に気が付かない。

郡　違いは一目瞭然です。フロロカーボンは光の屈折率が水に近いから、水中で見えにくい。

山下　フロロカーボンは結節強度もあって根ズレに強い。水、紫外線、温度による劣化もナイロンより非常に優れているから、ハリスの素材に関しては悩む必要がない。

郡　素材はフロロカーボン。さらに会長は東京湾の潮色に合わせて茶色のハリスも考案しましたよね。

山下　カモフラージュ効果があるのではないかと期待した。そしてサンプルができてきてテストをしたら、普通に釣れる。これはいいなと思ったけど、通常のフロロと同じように釣れる。つまり、どっちも変わらなかった（笑）。

郡　ボクなんかはぜひ作ってほしかったけど商品化とはなりませんでした。

山下　いくらテストを繰り返しても釣果に差がなかったから必要性を感じさせることができなかった。着想は面白かったとは思うけど。

ミチイトで最も多用されるのは視認性のよいオレンジやグリーンのナイロンライン。扱いやすさはナンバーワンだ

ヘチのタナ釣りに特化した中通しザオの釣りにはPEラインがマッチする

郡　現在ボクらが使用しているのは『シーガーグランドマックス』と『グランドマックスFX』。どちらもいいハリスで何の不満もない。

山下　何の不満もない。ミチイトはPEとナイロンを使い分けている。PEは長年『シーガーマルティアYタイプ』の1・5号を使用していたけれど廃盤になってからは『シーガーPE X8 ルアーエディション』の1・2号と1・5号を使用している。

郡　8本ヨリで滑りもスムーズ。視認性も非常にいいし1シーズン使用しても劣化が少なく強度も落ちない。ナイロンにあった厄介な糸ヨレも皆無でアタリも取りやすい。

山下　PEはガイドのない中通しザオを使ったタナ釣りには最高のライン。一度使ったら病みつきになる。

郡　ガイドに絡むと破損しやすいことと、中通しはイトの出し入れがスムーズではないので、サオの上げ下げの1ストロークで探れるシチュエーションで使うときに最強です。

黒鯛工房の『THE黒鯛フロロ』は鮮やかなオレンジ染色に成功。扱いやすさはナイロンと同様でアタリが明確に伝わる

ハリスはフロロカーボン一択。ハリスとしてこれ以上の素材はない

山下　深場も探るならナイロンが扱いやすい。黒鯛工房の『THE黒鯛レッド』の2～2・5号をメインに、スリットでは3号も使っている。

郡　これまでガイド付きのサオにはナイロン一択だったけど、最近はフロロカーボンも加わった。

山下　ナイロンに比べてフロロカーボンは染色が難しいけど黒鯛工房の『THE黒鯛フロロ』は鮮やかなオレンジ染色に成功した。

郡　フロロカーボンは重さと硬さでミチイトとしては扱いにくいイメージもあったけど、今はほとんどナイロンと変わらない。アタリが明確に伝わるしアワセも決まりやすい。ただし細号数はフロロ特有のクセが出やすいので、ボクは2・5号を多用している。今はナイロンよりも出番が増えました。

山下　まだミチイトとしてのフロロカーボンを使ったことがない人は試してみてほしいよな。

金言・格言

21

『食いにもやり取りにも悪影響のない太さを知れ』

郡　ハリスの太さは東京湾の釣り場なら1・5号、太くても1・75号。もう昔みたいに2号以上は使わなくなったのは、やっぱり強度が以前よりも増したからだね。

突進する力は相当なものだが、根に入る魚でもないし特別に切れやすい歯があるわけでもない。堤防からの落とし込み釣りであればハリスは1.5号以内で成立する

山下　オレも全く同じ。遠征して特別にデカい魚をねらうときは2・5号を使うんだけど、東京湾では2号は使わない。

郡　ハリスが細いほど釣れるとは思う。だったら自分が獲れる範囲の中で細くする。以前はそこまでハリスの太さで魚の食いに違いは出ないと思っていたけど、広島遠征をしたときに地元の釣り人は0・8号とか1号とかの細ハリスを平気で使っていていた。それで、やっぱりそこまで細くする必要があるのかなと思って自分も0・8号とか1号を試した。

山下　でも、オレらが使うと0・8号でも1・5号でもなぜか食いが変わらなかった。だったら強度的にも安心な1・5号を選ぶということ。

郡　でも2号とか2・5号になると、やり取りは安心だけど、今度は明らかに食いが落ちた。だから1・5〜1・75号に落ち着いた。でも今も0・8号しか使わないという人もいますよね。

山下　いるな。そういう人たちのサオはもちろん非常に軟らかいからタックルバランスが違うし、釣りのスタイルがそもそも違う。ハリスだけを参考にして合わせることはできない。

郡　でもうちの会にもスリットでも0・8号を使う会員がいるよ。

山下　それはたいしたもんだよ。でもオレには使えない。

郡　前項の茶色いハリスの話じゃないけど、その差を歴然と体感していないと実感できないということ。
　０・８号を使うと切れやすいけど１・５号の倍近く魚が食ってくる、アタリが増えるというなら使うけど、アタリの数に違いがほとんどなかった。

山下　細いイトを使ってスリリングなやり取りを楽しむという考えの人もいる。それは全然否定しないけどアタリが増えないことには使う意味がないもんな。

通常は1.5号まで。大型ねらいのときでも1.75号までに落ち着いた。細いハリスほどアタリも増える

郡　逆に、大阪のスリットでは２・５号とか３号を使う人が多いけど、切られる人はそれでも切られている。ボクたちは１・５号とか１・75号でもそんなに切られはしない。

山下　去年の九州遠征ではかなりデカいクロダイがねらえるというところに行った。オレは気合を入れて１・75号を結んだんだけど、案内してくれた地元の釣り人たちは「会長、そんな細いハリスでは到底太刀打ちできません。こっちでは最低でも２・５号以上です」って言われた。
　でもこれがオレのスタイルだからとそのままやらしてもらって56㎝、３㎏オーバーを釣った。ハリスの強度的には全く問題なかった。

郡　会長はその遠征で58㎝まで釣っていますからね。ボクも過去最高にデカいと思われるクロダイを掛けたけど、ボクは切られちゃった（笑）。たしかにここで自己記録をねらうなら、もうちょっと太くてもいいかな。

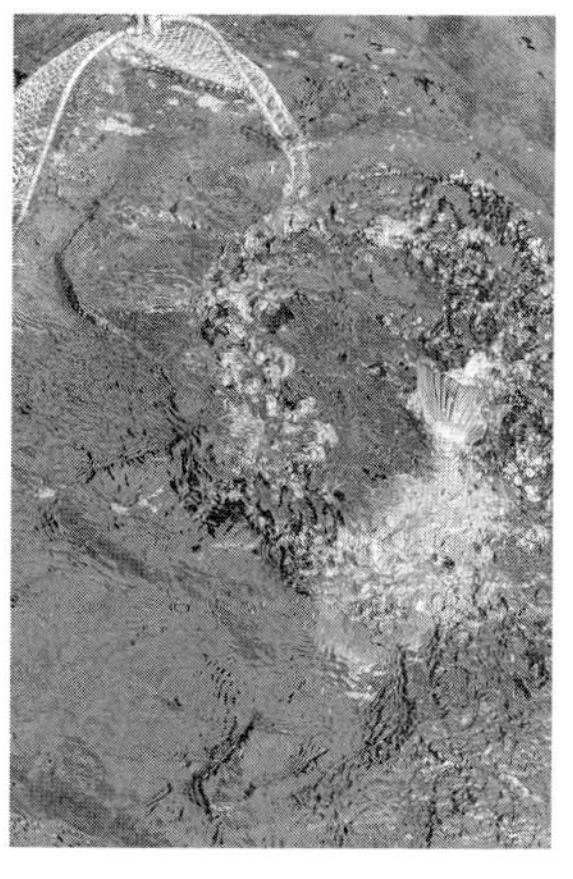
この引きを充分に楽しむためにも必要以上に太いハリスを使うのは避けたい

山下　まあ、東京湾のゴーマルとは比べ物にならない化け物がいるから太いほうが安心できるに決まっている。これ以上太くすると極端に食いが落ちる、これ以上細くすると極端に強度に不安が出る号数を理解して使うしかないんだけど、意外と個人差が出るという話だよ。

金言・格言

22

『中通しザオと外通しザオのメリットを理解せよ』

山下 サオも本当に終わりがない道具で、お気に入りはいくつもあるけど、これが最高、これが究極というものはなかなかない。

郡 ボクらはまずカーボンザオと和ザオの2種類を使っている。カーボンザオは黒鯛工房製、和ザオは天明作の中通しやガイド付きを愛用している。

木更津沖堤で動画撮影。このときも中通しザオが活躍した

中通しザオはガイドがないのではなくガイドがブランク内に埋め込まれている。風によるガイド絡みもないためコシのないPEラインも扱いやすい

山下 東京湾内の堤防の多くは比較的浅く、３ｍ前後のサオであればタナから底までねらえるところが多い。となると、多少イトの送り出しが悪くともＰＥラインと中通しザオを組み合わせた釣りのメリットは計り知れない。

この釣りにおいてチャンスである風雨の強い状況でも、ガイドがないからイト絡みを気にすることなく釣りに集中できるんだから。

郡 その釣りには胴調子で和ザオの曲がりに一番近い『黒鯛師ＴＨＥ戦竿へチタナ２８５』の中通しザオを使っているけれど圧倒的な早さで探ることが可能になる。

山下 サオはこれ一本で決まり！とはらならないから状況に応じて使い分けることになる。頻繁にイトの送り込みをする必要がある場合にはやっぱり外ガイドのほうが有利になる。

中でも『ＴＨＥへチリミテッドＢＢ４ ＢＡＹ ＫＩＳＡＲＡＺＵ Ｔ２７５』は感度抜群のチタン穂先を採用していて、これまでのカーボン穂先では感じなかった前アタリも取れるようになった。

郡 この2本はともに以前までのようなカーボン特有の硬さがなく、魚の引きの強さに応じて胴で吸収し、スムー

ズな曲がりで魚に与える違和感を極限まで抑え込んでいる。

山下　パイプシートを採用したダイレクトグリップのフィット感も抜群。長時間の釣りもリールシートとは雲泥の差だよ。

郡　軽くなって強くなって感度もよくなったカーボンザオがこれだけ揃ってもなお和ザオも使うのはなぜですかとよく聞かれます。

山下　オレも聞かれるよ（笑）。やっぱり和ザオは別物としか言いようがない。落とし込み釣りをたしなむ黒鯛師には憧れの存在なんだよ。

郡　とりわけ天明さんは長年ご自身でも落とし込み釣りをされているので釣り人の欲しいサオがわかっている。竹の性質の研究にも余念がないし火入れの技術も抜群。

クロダイを掛けたときの曲がりの美しさは実にほれぼれするし、魚とやりとりをしても喧嘩をすることなく竹のしなりで柔らかく引きを吸収してくれるから安心感がある。

山下　全くそのとおりだよ。ただ、この釣りはトータルバランスが大事なので、オレの場合、ハリが以前よりも小さくなったから、それに合うサオもまた変わっていく可能性はある。

郡　ヘラザオにガイドを付けたりして、今もいろいろ試していますもんね。

山下　意外な素材が意外な釣り方で活きることがある。まさに適材適所なんだけど、楽しいサオへの欲求は死ぬまで終わることがないと思う。変わらないのは2・7～3m、つまり9～10尺ザオであるという点だけかな。

リールはともに、『黒鯛工房THE アスリートヘチ　セレクション88』を使用している。スプールバランスがよく、半回転でハンドルサイド部分を親指で固定するグリップのため安定感があり、また長時間の釣りで握力が低下してきても使いやすい。竹ザオのときは重利製の木製リールも使用する

中通しザオは頻繁にラインを送り込む深ダナの釣りには向かない。やはりサオの上げ下げで探れる浅ダナでこそ出番がある

金言・格言

23

『釣りクラブには迷わず入会すべし！』

山下 これは自分がクラブの会長で郡が副会長だから言うのではなく、本当にそう思うよ。

郡 全く同意見です。ボクもクロダイ釣りを始めた頃はひとりでやっていたけど、1シーズンに1尾のクロダイも釣れなかった。よく行ったのは川崎新堤で、15時から20時までフクロイソメをエサに半夜の底釣りをしていたけど本命は本当に釣れなかった。

当時、クルマ仲間とよく行ってたのが四谷の山下さんのレストランで、山下さんから「そんなところでひとりでやってたって釣れないよ。うちのクラブに来い、教えてやるから」と言われたのがきっかけでしたね。シーズン2年目の6月から黒友会に入りました。

山下 クラブに入ることは絶対なんだよ。オレだって郡と同じで、最初はビギナーでわからないことだらけだったけど、黒友会に入ることで先輩たちからいろいろ教わったり経験を積んだ。

これは例会ではなく黒友会の有志が集まって釣れている五井堤防へ釣行したときのようす。例会以外の釣行や遠征でも交流して切磋琢磨している

郡 最短コースなんですよね。ひとりだったら気づくのに5年とか10年かかったかもしれないことにすぐ気づかされる。もしかしたらこうじゃないかなと思ったら、仲間や先輩に聞いてみると、すでに結論が出ていることも多いし、大人数で試すことによって精度が高まる。

山下 ひとりでこの釣りが上手くなるということはないと言い切れるね。ひとつの堤防にひとつのクラブが存在して、その地元クラブというのはやっぱり広く深くその釣り場を熟知しているし、データの蓄積も半端ない。これは人数がいないとできないこと。

郡 釣りは情報戦だから。でもボクだって情報を無視したわけではない。当時、釣り雑誌や入門書を見れば、堤防でクロダイを釣るには夕方からフクロイソメをエサにして釣るものだと書いてあった。それでカサゴやメバルはバ

カスカ釣ったけど（笑）。まさか日中にイガイで釣るなんて頭の片隅にもなかった。

山下　その経験だって決して無駄ではない。イソメだとカサゴやメバルばかり食ってくることを知っているからイガイの威力がわかる。ただしひとりだと情報を共有できない。

郡　タックルはそれほど違わなかったけど、会に入って教わった釣りは落とし込みで、それまでボクがやっていたのはフカセ釣りという別物の釣りなんだと気づいた。

山下　そういうことがわかってきたのは昭和55年頃のことだから、教えているオレらにしたって試行錯誤でなんとなく落とし込み釣りというものがわかりかけてきたときだよ。だってオレがクロダイ釣りを始めたのが昭和50年か51年くらいだよ。テレビの11PMで木更津のクロダイ釣りの放送を見て、これは面白そうだと次の日に行ったんだから。オレも半夜のフクロイソメの釣りだったよ（笑）。

つまり、堤防のクロダイ釣りそのものの歴史は長いんだけども、ヘチの落とし込み釣りに関しては、実は全然新しい、始まったばかりの釣りだった。

郡　だからなおさら人から学ばないと上手くならない釣りだった。どんな潮位がいいのか、潮色は、エサは、風は、地形は、ハリは、オモリはどう打ったらいいのかという部分を聞けばある程度教えてくれるし、全部は教えてくれなくても同じ条件で会員が釣りをすれば結果が教えてくれる。ひとりの釣果では偶然なのか必然なのか判断が付くのに時間がかかる。

山下　今はどこのクラブでも定期的に講習会を開いているし、ホームページで入会案内もしている。昔はそんなのなかったから余計に敷居が高かったけれど、今は新規入会者には優しく接してくれるところが多いと思うよ（笑）。

郡　それから、黒友会でも黒鯛神でも女性会員も活躍していて楽しくやっていますよね。

黒友会所属の女性会員たちもバリバリと釣りまくり！

釣りクラブというよりもサークルに近い黒鯛神も例会で女性たちが大活躍している

金言・格言

24

『例会・釣り大会は積極的に参加せよ』

山下　クラブに入って上達すればするほど、今の自分の釣りの腕前がどのくらいのレベルなのか知りたくなるものだと思う。

郡　最初は1尾も釣れなかったものが1尾釣れて感激する。そのうちに行くたびに釣れるようになる。1日に2尾、3尾、4尾と釣れることも珍しくなくなると、そうした自己満足とは別の、競いたいという欲求が出てくるんですね。特にうちの会員たちは、メーカー主催の大会やオープンな大会にはさほど積極的に参加している感じではないけど、会の例会には異常な情熱を燃やしています（笑）。

平成29年の黒鯛工房カップで見事優勝！

山下　出席率も本当に高いからな。特にうちは年間総合優勝の賞品や副賞が豪華だから。というのも、年会費をプールして持ち越さずに、その年に使い果たしてしまうから。

郡　もちろん一番は名誉なんだけど副賞もいいものが多い。

山下　釣りザオとかリールでもいいんだけど、それよりも家に持って帰って家族から「わあ、凄いね」と喜ばれるものにしたかった。

郡　グアムとか韓国への3泊4日のペア旅行券とかね。これはめちゃくちゃ好評です。年会費8000円が海外旅行に化けたら家族も納得ですよ。あとは例会のたびに、渡船の実費が3000円だったら4000円を参加費にして、残った1000円をその回の賞品の購入費に回したり、放流資金に回したり、年間にプールしたり。

山下　まあ、前の項の「釣りクラブには迷わず入会すべし」という金言格言と被るのだけど、この例会こそがクラブに入る一番の醍醐味だよ。やっぱり、上手い奴らの集まりの中で自分は今どのあたりなのかということが数字でハッキリと出るわけだから。

そうして、クラブで上位の常連になれば今度は他流試合もしてみたくなる。クラブを代表してのクラブ対抗戦も面

クロダイ落とし込み釣りを愛する全国のクラブ員たちと腕を競い合う。これが最高に楽しい！

名誉の盾に豪華賞品まで手にすればこの笑顔！

白いし、個人でどこまで通用するのかとか、地元の釣りが他の地方ではどうなのかという。

郡　やっぱり例会にしても大会にしても、普段の釣りにはない緊張感がある。それが楽しいですよ。

もちろん中には順位付けとか人と競うことには興味がないという会員もいて、それは強制参加ではないので個人で判断してもらっています。ボクなんかはワクワクしてくるタイプなので大会開始前なんて本当に興奮します。

山下　もちろん運も大きく左右するのが釣りなんだけど、1年を通じた年間成績だったり、大人数の大会で勝ち抜くのは偶然ではなく実力。

これを言うと弱気と思われるかもしれないけど、今のオレや郡が年間獲れるかといったら難しい。前は何度も連覇もしたけど、脂が乗り切った若い奴らにはなかなか敵わなくなってくる。

郡　落とし込み釣りの大会の原点といえばリョービさんの全国大会ですよね。たしかエリア別に選手が選ばれて、関東からは会長が選出されて全国三連覇という偉業を達成した。あれで落とし込み釣り人気に火が付いた。

ところが近年はそうした全国規模の落とし込み釣りの大会が少なくなってしまい、黒鯛神の仲間などを通じて多くの釣り人が大会に飢えていると実感した。ボクらには大会運営のノウハウはあるから、仲間たちと交流が図れて技術も高めあえる、そして自己責任で楽しめる大会をいくつか企画しました。

山下　大会というと個人の腕試しという側面で捉えられがちだけど、結局は団体の交流がいかに大事かということに尽きるよ。

表彰式。このあとにはじゃんけん大会などもあり誰もが楽しめる内容になっている

金言・格言

25

『旅に出て視野を広げろ』

山下　これは単にホームグラウンドを飛び出して、遠くの釣り場へ行くべきということではない。

　これはクラブに入らずにいくら独学でやっても上達の近道にはならないのと一緒で、いくら遠征しても、そこに精通している方たちと一緒に釣らないとあまり意味がないとオレは思う。もちろん、旅行として楽しめばいいけど、釣りの視野はなかなか広がらない。

岡山遠征のひとコマ。遠征の始まりはまず交流ありきという考え。仲間がいることでいろいろな情報が入るのだ

郡　そうですね。交流あっての遠征というものを大切にしてきましたし、交流があるから楽しいんですよね。

山下　とりあえずあてもなく行って、それで現地の方たちと交流したり仲よくなるというのは、なかなかありえないことだと思う。下手するとよそ者扱いされて警戒されて嫌な思いをするだけかもしれない。

　1999年から大阪北港で『全国黒鯛落とし込み釣りクラブ対抗選手権大会』という大会を開いているのも、実は大儀はそこにあるんだよ。全国から30ものクラブ、260名以上が集まって、そのまま釣りをしてお開きではもったいないから大会終了後には親睦パーティーを開いている。

郡　毎年ここに来れば東日本のクラブ員と西日本のクラブ員が情報交換できるし、お互いのホームに招待したり遠征したりできるわけで、実際そうした交流はいくつも生まれています。

山下　おもてなしがあり、技術交流があり、それは有意義な遠征釣りになる。何も大名旅行を勧めているのではなく、こうした下交渉をしておくのとしていないとでは意味がまるで違うということ。たとえいい釣りができたとしても地元でトラブルを起こしたりしては面白くない。

郡　視野を広げることを考えても、やっぱり釣りクラブに入会することが第一歩になるわけですよね。

山下　そのとおり。何も面倒なことは

ない。好きな釣りを好む者同士でただ楽しめばいい。面倒を避けるためにもクラブで楽しんだほうがいいということだよ。

郡　昔はどこの町にも小さな釣具店があって、そこを基盤にした釣りクラブがあって、各地区と交流があったものだけど今はそうじゃない。ネット上の「いいね！」もいいけど、それだけではないですからね。

秋田のマダイ、鹿児島のコロダイ。こうしたサプライズも旅の醍醐味

山下　そのうえで遠征するのであれば、それは視野が大きく広がるよね。

郡　それこそ『全国黒鯛落とし込み釣りクラブ対抗選手権大会』の原点となった4クラブの対抗戦を初めてやったとき、大阪北港の釣り場には大きな衝撃を受けましたよね。

山下　まず、漁礁を兼ねたようなスリットの釣り場なんて東京湾では見たこともなかった。掛ける以前に掛けたあとのやり取りを考えて食わす必要があることを教わったよね。

郡　その経験はのちにバースなどをねらったボートからの落とし込み釣りに活きてくる。

山下　東京湾から出るだけが旅ではない。地方から東京湾に来ることだって立派な旅だし、素晴らしい経験がいっぱいできるはず。

郡　特にここ数年は日本で一番釣れる海になったと言っても過言ではありませんからね。東京湾ならではの繊細なテクニックを学ぶこともできるでしょうし、いい時期のいい場所へ行けば人生最高の数釣りも経験できるかもしれません。

山下　そうなったときに一声かけてくれればアドバイスも送れるしエサや渡船の情報や宿や飯の情報だってあげられるから、余計にいい旅になるとオレは思うよ。

岩国、姫路、どこに行っても東京湾にはない釣り場の雰囲気に驚かされる

金言・格言

26 『郷に入っても貫くことがある』

山下　この本を読んだ人は、このふたりは「旅に出て視野を広げろ」と言ってみたり、「郷に入っても貫け」と言ったり、いろいろ矛盾していることを言っているなあと思うかもしれない。

郡　そうですね（笑）。でも、ボクらからすると東京湾こそが落とし込み釣りの発祥の地であり、横浜や横須賀こそがヘチザオ発祥の地であるという自負がある。

アウェイ感ゼロだが、ここは東京湾から遠く離れた博多湾だ

山下　そのとおり。そして我々のように木更津をホームグラウンドにこの釣りを究めようと長年この釣りをやり込んでいる人間からすれば、間違いなくこの釣りの本場は東京湾だと確信しているし、東京湾スタイルは全国の釣り場で通用することも確信している。

それでも大阪に行けば桁違いのクロダイ、キビレの多さに圧倒されるし、東京湾にはないスリットでのスリリングなやり取り、強い引きにはいつも痺れさせられる。アタリの出方も同じ魚とは思えないくらい違うしね。

郡　会長と一緒に3～4年前に北九州に行ったとき、いくつかの釣り場を回って最後に入った釣り場にも驚かされましたね。そこはハリスが1mも入らないような浅い運河だったんだけどタナでバンバン食ってきたのには驚きましたし、会長はそこで52cmくらいの大型を釣りましたね。

山下　あれには驚いたな。デカいは数は出るは地元の人はほとんどやってないはずで、関東では考えられない釣り場だった。

郡　4年くらい前ですかね、新潟県の直江津に遠征したときも衝撃を受けました。湾の中の沖堤防なんだけど、この魚の引きの強さといったら落とし込み釣り歴ウン十年で味わったことがない強さでした。サイズは45～50cmで、大きいは大きいけれど特別デカいわけでもないのになんせよく引く。

アワセを入れてフッキングが決まると、そこから30mくらい沖にダーッと走る。で、耐えていると今度はこっちに向かってダーッと走る。そして最後まで浮いてこない。

山下　総じて日本海のクロダイの引きは太平洋のクロダイよりも強いというのはあるけど、なぜそこだけが特別に引くのかは謎だな。

郡　案内してくれた地元の釣り人の方からは「とにかく引きが強いから驚かないでください」と言われていた。でもそんなたいしたことはないだろうと思っていたらハンパなく引くんで驚いた。ただし、それでもサオもイトもハリもエサも東京湾スタイルを変えることはなかった。

大阪北港で開催するクラブ対抗選手権大会。関東ではまず見られないタイプの釣り場に圧倒されるが東京湾スタイルを貫けば結果がついてきた

山下　大阪湾のスリットはクロダイが逃げ込むコースが無数にあって、少しでもイトを出せばハリスが擦れて切れてしまうから太くしろとアドバイスを受けた。目印を使った釣りも勧められたしいろいろあったけれど最終的には東京湾スタイルで問題がなかった。

一昨年、大分で57㎝で3・5㎏というクロダイも東京湾と同じ1・75号でキャッチした。馬鹿デカいツブを勧められて、そんなデカいツブに食ってくるのかと勉強にはなったが、ハリやハリスやサオといったトータルバランスを考えれば、やっぱりいつものサイズのツブを使った。

結果、すべて問題がなかった。やっぱり本場の釣りは伊達じゃない。ならばこれを貫こうという気持ちで挑んでいる。

それで全く歯が立たないクロダイに出会えないかと期待している部分もあるんだけど、なかなかそうはならないことから、いいバランスに落ち着いているんだと思うよ。

博多の大会でも東北復興記念の山形県酒田の大会でも東京湾スタイルで優勝した

金言・格言

27

『他ジャンルの釣りから学べ』

郡　釣り専門チャンネルなんかをたまに観るんだけどバス釣りの番組は実はかなり参考になっている。木更津なんかは特にそうなんだけど、寒い時期に海藻がいっぱい生えていて、壁面に付いているだけじゃなくてゴロタからもいっぱい伸びている釣りにくい状況があった。

で、この前、琵琶湖でバスボートに乗せてもらってガイドに釣りを教わったんだけど、あの湖もウイードと呼ばれる水草がいっぱい生えていて、普通に釣りをしているとそれが絡んで釣りどころじゃない。

でも、ハリ先にガードのあるラバージグというルアーでスポッ、スポッとウイードをすり抜けさせて、底にいたブラックバスに口を使わせる釣りを教わったんで、冬や春先の浅場のD堤とかC堤で試してみたら、これがそのまま通用した。必ずしも落とし込み釣りは自然落下がいいわけではなく、海藻を突き破ってストンと落ちるオモリが効くこともある。

山下　またそういう場所にバスもクロダイもいるということだよな。潮止まりになると海面一面が海藻になるようなところが水深3ｍくらいまでに結構ある。そんなところは落とし込みのポイントではないと思われていたけど、実はポイントだったということ。

郡　あと、やっぱり冬のバス釣りの番組を観ていると「夕方になると浅場にバスが差してくる」なんてことをよく言っている。最初はなんのこっちゃと思ったけど、夕方になると太陽光で温められた日当たりのいい浅場にバスが上がってくるということだった。

山下　それとクロダイ釣りは関係があるかな。だってわざわざ日向側をねらうことはしないよ。

バス釣りは意外にクロダイ釣りに通じる部分の多い釣りだと感じている

タナゴやマブナからマグロまでオールジャンルで釣りを楽しむが断トツにクロダイ落とし込み釣りが楽しいと思っている

郡　冬から春先のクロダイも太陽光がよく当たって温められている浅場を探ると意外に食ってくることがある。バスと同じなんだと思った。

山下　そうかな。オレはやっぱり影をねらうけどな。

郡　冬だけだと思うけど日当たりのいい浅場には夕方たしかに差してくることがある。

山下　オレもマグロからタナゴまで色んな釣りをするけど、落とし込みの参考になる釣りは意外と少ない。その中でも参考になったのはやっぱりルアー釣りなんだよ。

ルアーのボートクロダイ釣りの番組を観ているとバースにも橋脚にも壁にもボッチャンボッチャン重たいルアーを落とし込んでいるんだけど、それでクロダイがバンバン釣れている。

オレたちはこの釣りを始めたときから、そっと落とし込むものだと教わってそれを実践してきているから、こういうルアー釣りにはものすごく違和感があった。こんなんでも食っちゃうんだという意味では参考になった。

郡　さっきのボクの海藻と同じで、しっかり落とし込むことが優先になる釣りがあるということでしょうね。

山下　静かにそっと落としたほうが食うだろうけど、それでは魚のいるところまでなかなか届かないというときの手段がルアー釣りのほうがバリエーションがあるということだな。

郡　会長はタナゴやマブナ釣りなんかも得意ですけどこれもクロダイの落とし込み釣りに通じる部分があるんですか？

山下　ないよ（笑）。そんなことは考えたこともない。楽しいからやっているだけ。

タコ釣りはヘチ釣りの時合以外のお楽しみ。基本的にお土産のない落とし込み釣りだけに家族受けはいい

マダイはヘチ釣りでもねらうし船からの沖釣りも楽しむ。姿形がそっくりなため共通点もたくさんあるし、大物とのやり取りも練習になる

金言・格言

28

『お互いに少しの気遣いを持て』

山下　クロダイは人の気配にとても敏感な臆病な魚であることは間違いない。せっかく寄ってきたクロダイを自ら蹴散らしてしまうような真似は慎まなければいけないのは常識。非常識な大声で話すとか大きな足音を立てるとかはもちろんダメ。でもそれ以外は常識の範囲の中であればＯＫだよな。

郡　もちろん影についても、晴天下で影がくっきり映るときに海面に影を出すのはご法度だけど、小雨とか曇りでそもそも影がはっきりしていない状況ならそこまで気にすることもない。

音や影でいえば目の前でシーバスのテクトロをされると、これは我々にとって迷惑なんだけど、東京湾のクロダイ釣り場ではテクトロが禁止されている堤防もある。そこではそのルールを守ってほしい。そんなルールがないところではこちらからは言えないけれど、まあ少し気遣いがあってもいいのかなとは思います。

山下　あとは落とし込み釣り同士の距離間だよな。

郡　堤防が広い川崎新堤だったら、ゆっくり探っている人が前にいて「ちょっと先やるよ」と一声掛けて抜いてから20ｍ以上離れてから落とすんだけど、木更津なんかは狭いからなかなかそうはいかない。ケーソンの継ぎ目だけをねらっているので、抜かれてムカッときてる釣り人がいたかもしれないですね（笑）。

山下　まあ、混んでいるときにはだいたい5ｍ間隔くらいになっちゃう。

郡　そうです。こっちがスピードを落として10ｍくらい空けると、だいたいそこに入ってくるから結局5ｍになっちゃう。

山下　自分の目の前に入られるのは誰だっていい気はしないもんな。かといって釣りのリズムは人それぞれだから仕方がないといえば仕方がない。

郡　あと探り方にこうじゃないといけないというルールはないんだけれど、ボクも会長も右利きなので、常に右肩側が海側に出るように釣るのがやりやすい。つまり川崎のインコースであれば風がどちらから吹いても潮がどちらに流れても、羽田方面から横浜方面に向かって歩きたい。でも、中には左利きもいるし、右肩を海側に出しながら横浜方面から羽田方面へ歩いてくる人もいる。そういう人と距離が縮まってバッティングしたら、ボクは相手側がエサを上げて迂回すべきと思っているんですが（笑）。

山下　そうかもなあ。でも、そこは相手がそう思って釣っているほど明確なマナーとして認知されていないから難しいなあ。どちらかがお互いに譲るでいいんじゃないか（笑）。

郡　あとは堤防の上にエサを残さないとかゴミを残さないとか、当たり前のこと。堤防の上は風が強いのでゴミ袋を結んでおくとか、クーラーボックスは小さめより大きめを用意したほうがゴミを持ち帰るにしても便利です。

山下　堤防に乗ったら夕方まで迎えがない堤防も多いから、飲み物、食べ物、日焼け止めや日除けとかタオルとか、ないと困るものはまあまあああるからね。もともと荷物やタックルが非常に少ないシンプルな釣りなんだけど、持ってこないと熱中症などで迷惑をかける可能性があるものはちゃんと用意しないとな。

あとは堤防の上にはいろいろな釣りを楽しむ人たちが同居しているわけで、それぞれが同じ渡船代を払って釣りをしているわけだから、それぞれの釣りをなるべく理解して気を遣ってくれたら大丈夫だよ。

基本的にはサオを持つ利き腕の肩を海側に出して進むものだが、左利きもいれば歩くペースも違う。それでも相手を気遣えば問題は起きない

狭い木更津沖堤で人気のコバ周りともなれば釣り人が集中しがちだが、追い抜いた際にはなるべく距離を空ける気遣いがほしい

同じく木更津沖堤。ヘチ釣りのみならず投げ釣り、ルアー釣り、サビキ釣りなど多彩な釣りを楽しんでいるが、荷物を堤防中央に集めてくれるだけでも釣りやすさがだいぶ違う

金言・格言 29

『裏方の喜びを知れ』

山下　自分たちで言うのもなんだけど、黒友会は積極的に他の地方のクラブと交流しているし、クラブ員以外でも参加できるオープンな大会の運営にも携わってきた。そうした規定が全国的な大きな大会の規定のベースになっていると思う。

でも、草案はオレたちが描いても、実際に各方面に下準備をするのはやっぱり若い会員たちだから、それには頭が下がるよね。

大会は楽しいが無事に終了するまで全く気を抜くことができない。安全管理、お金の管理といった裏方の苦労があってこその大会やクラブ運営なのである

郡　無理に何かをしてもらうというよりも、各自の得意なことを頑張るということ。パソコンのエクセル操作が得意な会員は釣果を表にまとめるし、写真や文章が好きな会員は会報やパンフレットを作る。印刷屋のメンバーにはポスター印刷やデザインをやってもらっていたし、会長がお店を経営されていたときは場所や食事を提供してもらった。

率先してみんなのエサを採ってくるでもいいし、大会だったらホテルやパーティーの用意もあるし、なんといっても安全対策が一番大事ですしね。

山下　釣りはどうしたって水辺の遊びだから、多少の危険が伴う。それでもこれまで特別大きな事故もなく続けてこれているのは、やっぱり会員たちのしっかりとした運営があるからだよね。

郡　ボクは昔サーフィンをしていて、仲間内で大会みたいなこともしていた。ある日、たまたま自分が幹事というか担当の会のときに自分のボードで自分の足の骨のところを切って怪我をした選手がいて、救急車を呼んだら警察も来たんです。

で「主催者は誰だ？」と聞かれて、主催も何も自主的に集まっているだけなんだけど誰かが手を上げないと警察も困るだろうから「自分です」と言ったら、届け出は出しているかとかいろいろ聞かれて、怪我した本人も自分のミスって言っているのに本人ではなく

ボクが平日に2回も3回も調書作成のために外房の警察署に呼ばれて大変だった。

この経験があったから、責任者って本当に大変だってわかっていた。もしも大阪の大会で何かあれば山下会長が何度も大阪に足を運ばなくてはならない。それだけは避けようと、参加者全員には何かあっても自己責任である旨を必ず書いてもらっているし、その文面も弁護士に見てもらってちゃんと効力があるものにしている。そのうえで絶対に事故が起きないように細心の注意を払っている。何かあれば実行委員はボクですというつもりでもいる。

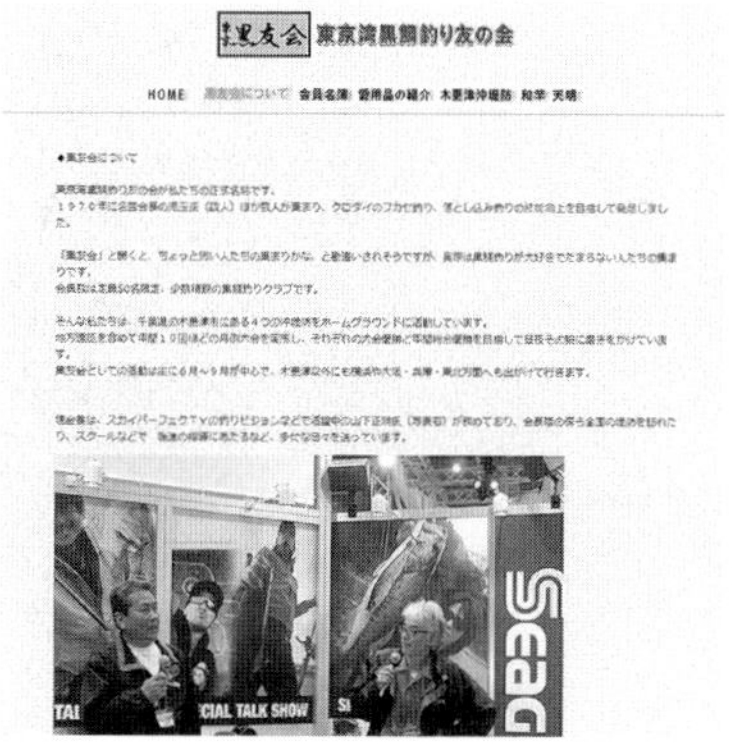

黒友会のHPは実にシンプルで大袈裟な誇張も勧誘もない。ただ会員名簿をクリックすると驚くほど組織化されていることが分かるだろう

山下　みんなそうした苦労を知らないでいろいろ言うんだけど、じゃあ自分たちでやってみろと（笑）。やってみると、やっぱりオレたちが作ったルールが参考になる。なぜか。安全面に配慮しているから。

郡　大会や交流は楽しい。でも、何かあれば賠償だ、刑事責任だというのが本当に大変。渡船屋さんも堤防には浮き輪とロープをある程度の間隔で設置しないといけないなどの指導があった。だから以前に比べると安全面はだいぶ考慮されてきている。それでも最後は自己責任の趣味ですよね。

山下　もちろんうちのクラブだけじゃなくてどのクラブも運営にいろいろ協力してもらってこうした大会は成り立っている。昭和の頃なら大きな釣り具メーカーがたくさん落とし込み釣りの大会を催してくれて自分たちはそれにただ参加していればよかったけれど時代は変わった。それでも自分たちが裏方も頑張れば以前にも増して楽しい大会が開けるということ。そういう運営の仕方を普段から学べるのが釣りクラブのいいところだよ。

マスコミ対応も裏方の役目。とにかく盛り上げて注目を集めることが選手や協賛メーカーのためになるからだ

金言・格言

30 『テスター心得を忘れるべからず』

山下　なろうと思ってなったわけではないけれど、ありがたいことにクレハさんにはもうかれこれ40年の付き合いをさせてもらっているし、タックルに関しては黒鯛工房さんが開業以来ずっとサポートしてくれている。

華やかなフィッシングショーでのトークショーはいつも緊張するが多くの方が集まってくれることに感謝する。立ち見の方には大きなモニターまで用意されるようになった

郡　ボクは基本的に会長からの推薦を受けてそういう話をいただいています。偏光サングラスのサイトマスターはボクと会長が一緒にテスターになりましたね。ボクはもともと表に出るタイプの人間ではないし黒子に徹するつもりでしたが、サポートをもらっている以上は最大限の恩返しはしたいと思っています。

山下　それでいいんだよ。無理に肩に力を入れて宣伝臭くなっても逆効果だし、気に入っているものを使って、必要と思えるものを作ってもらえるなら商品作りに協力をする。

取材などを受ける機会があれば、その商品のよさについて記者の方に説明する。それから大会などがあれば、それはなるべく上位を目指すということだよな。

郡　ボクも若い子たちからよく「テスターになりたい」「どうすればテスターになれますか」と聞かれます。

自分はそういうタイプじゃなかったのでうまく説明できないし、基本的には縁だとも思っているけど、「間違いなく言えるのは、釣り大会で優勝したり常に上位の成績を残せば声がかかる可能性は高い」と説明しています。

昭和からクロダイ釣りを始め、平成を夢中で駆け抜け、令和になってもまだまだ現場にも立って人前にも立っていることに感謝！

山下　それは間違いないよ。自分もリョービの大会で三連覇しているときは日本の釣り具の三大メーカーすべてから声をかけてもらった。でも自分は真っ先に声をかけてもらっていたクレハさんがあったし、それ以外のサポートは遠慮していた。そしたらリョービにいた方たちが黒鯛工房を起こしたので、クレハさんと被らない部分のサポートを受けることにした。

郡　昔は今よりも大会の注目度も非常に高くて、大会優勝者の釣り方はみんなが気にしていたし、その影響力も大きかった。

　今は大会そのものが減ってしまったし、落とし込みだけではなくどの釣りのテスターも大会成績とは別に、喋りやSNSなどの発信力が求められている時代になりました。

常に選手でありたいし、試合に出る以上は勝ちたい。結果を残すことにはこだわってきた

山下　そうだな。ただ、メーカーがテスターに求めることが変わったように見えるけど、実は方法が変わっただけで本質は変わっていない。

　メーカーやブランドや商品のイメージ向上に寄与するかしないか。売上向上につながるかどうか。そしてそれを判断するのは昔も今もテスター側ではなくメーカー側であるということ。

　年間に数千円分の商品しか提供されないと文句を言うモニターさんとかもいるけれど、その数千円分のサポートすら合わないと思われているかもしれないことに気付かないといけない。

郡　どのジャンルのテスターもなかなか厳しい時代になっています。ただ使ってSNSにアップすればいいわけではなく、そこには必ずいい影響力がなくてはなりません。

山下　持ちつ持たれつで、いろいろなイベントなどを企画するたびに豪華な賞品を提供してくれる。やっぱり賞品が豪華だと人も集まるし大会も盛り上がる。多くの人が集まれば提供賞品もたくさんの人の目に触れるからステイタスが上がる。これがウインウインの関係だと思うな。

　まあ、なんにしてもこんなにも長い間サポートしてくれていることには感謝しかありません。

カメラの目の前で釣りをするのは言い訳がきかない。ロケ当日や大会当日に結果を残せることもひとつの資質と言える

これができれば免許皆伝！

解説＝郡雄太郎

現代・クロダイ落とし込み釣りの基本と応用

この本では我々が半世紀近く楽しんできたクロダイの落とし込み釣りにまつわる秘密や極意について語っている。それらを読んで感銘を受けてくれる方がいれば幸いであるという思いと同時に、この釣りを昭和、平成と受け継いできた我々が令和という新しい時代を担うアングラーへ引き渡す使命も感じている。

本書で触れた極意のほとんどは、この釣りを長年やり込んでいる者への言葉であるが、この項ではもっとシンプルなクロダイ落とし込み釣りの基礎を解説したい。特にこれからクロダイ落とし込み釣りを本格的に始めてみたい方は、ぜひ参考にしてほしい。

落とし込み釣りは何年やっても飽きの来ない奥が深い釣り。これからじっくりとこの魚と向き合うといい

サオは全長2.7～3mのヘチザオから選びたい。従来は8:2の先調子のものが多かったが、最近はより魚の引きが楽しめて細イトも使える7:3や6:4の胴調子も増えている。大ものとやり取りをしても力が入るように肘当てがあらかじめセットされている。玉網は魚の取り込み寸前までベルトに差しておく

ハリスは慣れてくるとヘチ釣りでは1.5号以下で問題なくなるだろう

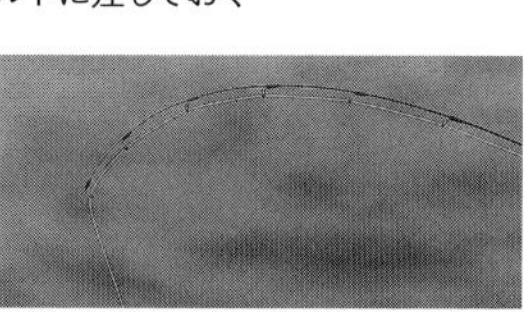
ヘチザオの穂先は細くて繊細だ。ミチイトは落とし込み専用の視認性の高いナイロンラインがどんな条件でも使いやすい

【タックル編】

もともとシンプルな道具立てで楽しめる釣りだけに、昔と比べて大きく変化した部分はない。とはいえ、いくつかの選択肢がその時々で生まれ、それらはすべからく試してきた。取捨選択の歴史の中で消えた道具と生き残った道具があり、大きく進化を遂げた道具もある。長さ、太さ、大きさなども試行錯誤の末の結論だ。

この記事を参考にして購入される方が便利なように、私が愛用している製品名も極力そのまま紹介させていただいた。

●サオ・リール

クロダイの落とし込み釣りの中でも、我々が楽しんでいるヘチ釣り用のサオは短ザオとも呼ばれることからもわかるとおり、2・7m前後で長くても3mまでのものがいい。

カーボンザオと竹の和ザオがあるが、これから始めるのなら断然カーボンザオのほうが扱いやすくおすすめだ。

リールも落とし込み釣り専用タイプを必ず選ぶこと。黒鯛工房の全機種はいずれも回転がよくバランスもよいのでおすすめだ。

●ミチイト

ミチイトも慣れるとPEやフロロカーボンという選択肢が出てくるが、最初はナイロン以外は使わなくていい。

とにかく見やすい色を選ぶのが大事で、その点、落とし込み釣り専用タイプはオレンジやグリーンなど視認性に優れたものが多い。

通常の堤防であれば2号、スリットなどやり取りでスレる可能性が高いところでは2・5～3号を選ぶ。リールには100mも巻いておけばOKだ。

●ハリス

ハリスはフロロカーボン一択。私はクレハの『シーガーグランドマッ

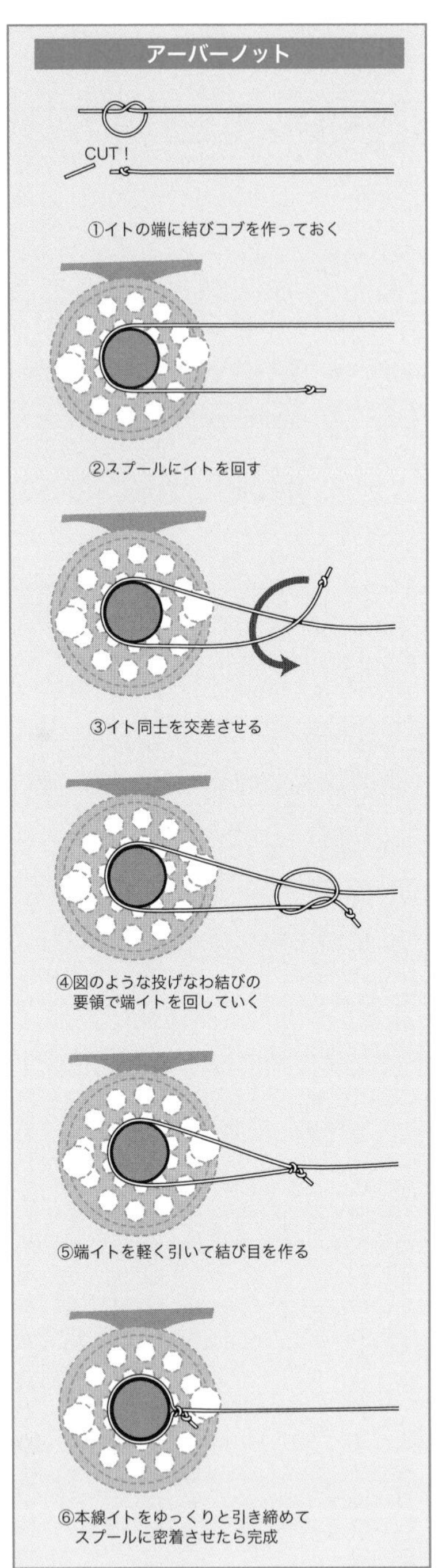

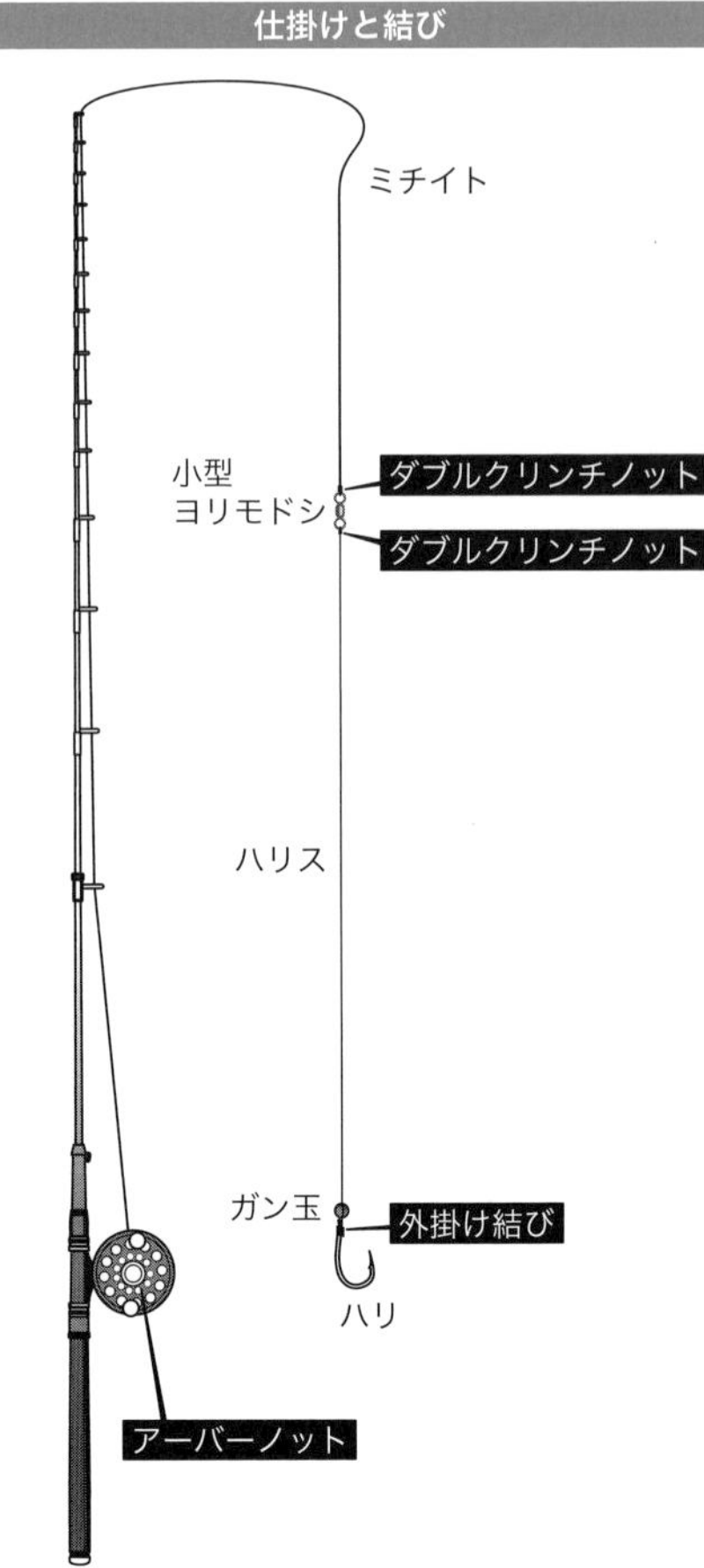

クス』または『グランドマックスFX』を愛用しており、太さは1・2号、1・5号、1・75号の3種類でいい。

ミチイトとはチチワ同士でつなげても構わないが、極小のヨリモドシを使って接続したほうが楽でありヨレも出ない。またラインコントロールも容易である。

●ハリ

ハリにこれという決め事はない。釣り人の思想が反映される部分でもある

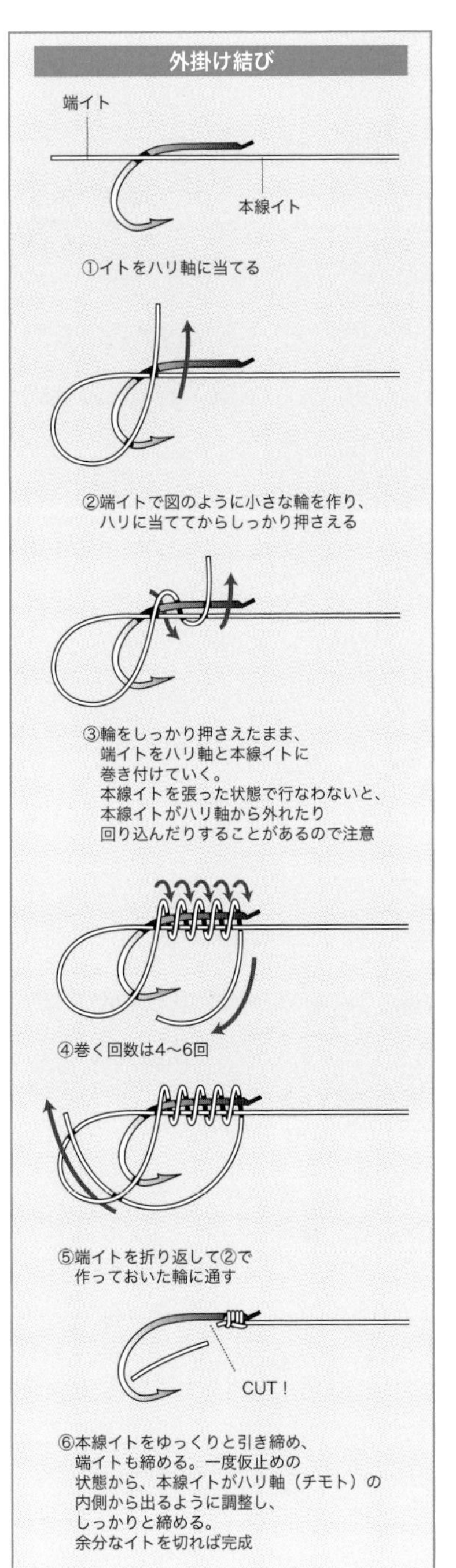

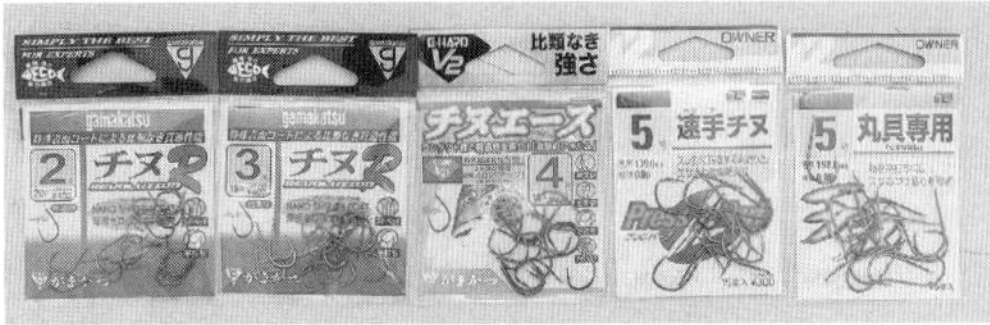

ハリ選びに終わりはない。使用するエサも常に同じではないように使用するハリも常に変化している

左は安定のやわらかオモリ。右はラインに傷がつきにくいゴムコーティングが施されたカラー付きのガン玉

し使うエサによっても異なる。自分の感性で選んでもらって構わないが、参考までに私のハリ選びの基準を記す。

イガイ（カラスガイ）のツブ一枚を使い、貝殻の中にハリを入れて使うならオーナーばり『丸貝専用』の4～5号、繊維付きのイガイを使って貝殻の中にハリを入れない場合はがまかつ『チヌR』2～4号や、繊維がケンに絡んで落ちにくい『ケン付アケミチヌ』3～5号がおすすめである。

また、カニ、フジツボ、パイプをエサに使用するときはオーナーばり『速手チヌ』3～4号を使っている。

『丸貝専用』は他のハリより軸が長く、イガイの通称チョウチョ掛けにしたときに、貝の下部にハリ先が出る。『チヌR』はハリ先が鋭く掛かり抜群でバラシも少ない。『速手チヌ』はフトコロが広く、タンクガニやパイプの

偏光サングラスはサイトマスターシリーズを愛用。SWRレンズは通常コートのレンズと比べ撥水剤を塗布した車のフロントガラスのように抜群の撥水効果が長時間持続する

ミチイトとハリスはチチワ同士で接続してもいいが、ヨリモドシを使ったほうがヨレにくく扱いやすい

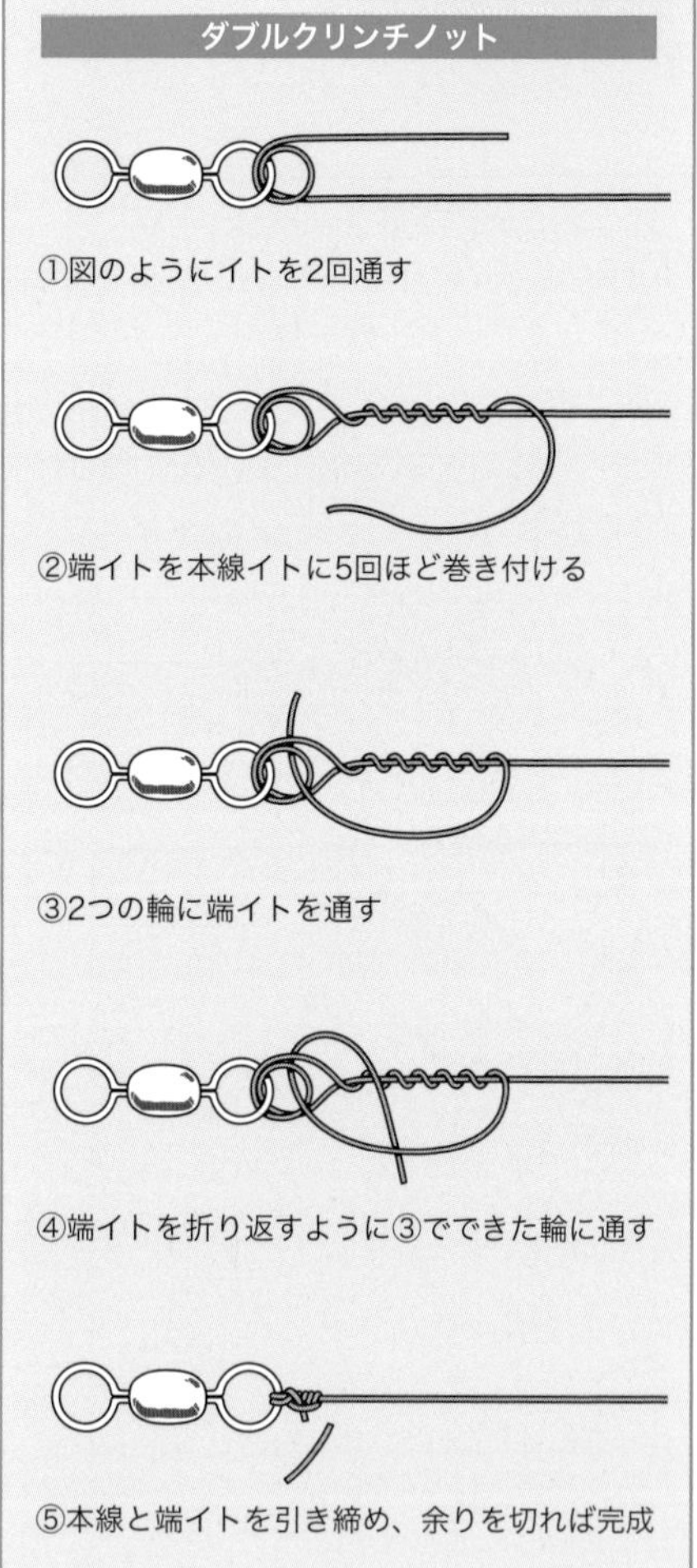

ように幅のあるエサでも充分にハリ先を出すことができる。

●オモリ

一般的にはB、2B、3B、4B、5Bがあれば事足りる。どんなものでもいいが、スリットがしっかり円の中心に来ているものを選びたい。その点、ヨーヅリ『やわらかオモリ』は均等で中心線のズレもなく装着しやすい。

ガン玉はハリスではなく必ずハリのチモトに打つ。最近流行の端イトに打つ場合は除き、ハリスには打たないほうがいい。それは微妙なアタリを少しでもダイレクトに伝えたいからである。

●偏光サングラス

重要アイテムとして必ず用意してほしい釣り具が偏光サングラスだ。その多くは光の乱反射を抑えて水面や水中のラインを見やすくしてくれるため、ラインの変化でアタリを取るこの釣りに欠かせないアイテムだ。

このほか魚そのものや底質、落ちていくエサも見やすく、また、UVカットが施されているため目にも優しく、使わない理由はひとつもない。

私が愛用しているティムコ『サイトマスター』はフレームの種類やレンズカラーも豊富だ。私は、晴天時にはスーパーセレン、曇天時にはイーズグリーンと天候に応じて2種類を使い分けている。

●玉網・玉の柄・ベルト

玉の柄の長さはよく行く堤防の水面からの高さにもよるが6mクラスなら総じて使いやすい。足場が低い堤防なら5mクラス、足場が高いところでは7mクラスが活躍する。いずれも磯用などの仕舞寸法が長いものは狭い堤防ですれ違う際などに非常に不便である。足場がそこまで高くないなら仕舞寸法が60cm以下の落とし込み専用タイプから選びたい。

玉網は40～45cm枠が標準。水切りのよいナイロンネットで、腐食や固着が防げるステンレスソケットだと安心だ。

そしてこうした玉網は腰のベルトやタモホルスターに差しておく。ベルトにはライフジャケットなどの浮力体やエサ箱もセットできるため大変便利であり、なくてはならない必需品だ。

足場の低い堤防であれば玉の柄は5m台でOK。下部にクランクする水平キーパーで玉網を接続すると取り込みが楽になる

アゴの力が強く歯もあるクロダイを持つ際、こうしたフィッシュグリップがあると安全だ。これで挟んでおいてハリを外すこともできる

ベルトには玉網を差し、エサ箱をセットし、膨張式のライジャケもセットしておく。こうすることで空いた右手でサオを持ち、左手でリールを操作できる

魚を浮かせてタモ入れまでを自分ひとりで行なうことが前提の釣り。川崎新堤のアウトコースなど足場が高いところでは7mクラスが必要になる

【エサ編】

使用するエサの見極めとして一番重要なことは、その時期の堤防壁表面に最もたくさん付着している物を最優先して使用するということだ。

人間の主食が米であるようにクロダイの主食はイガイである。壁一面がイガイなら迷わずイガイをエサにする。8月末頃からイガイの上にフジツボが付き出せばフジツボを使用するし、冬場にパイプが一面を覆うようならパイプを使用する。また6～7月の梅雨の水潮時に堤防壁面にイソガニ（通称アブラガニ）が湧いていればこれをエサにすることもある。

要は、クロダイはエサを口でついばむ以外の捕食方法はできないのだから、その時期の壁表面（一番上）に付いている物（5～8月イガイ・9～12月フジツボ・1～3月パイプ）がベストと考えるが、選択肢はほかにもあり、地域により違いもある。

3～4月

イチ押しは タンクガニ

・タンクガニ

カニエサにも各地でいろいろ種類があるが、この釣りで昔から一番使われているカニエサといえばタンクガニである。

このタンクガニをエサに使っていて気付くことは、クロダイはタンクガニのツメをねらって食ってくるということだ。というのも、タンクガニの胴体よりツメがグチャグチャにつぶされていることが多い。だからタンクガニはツメのみでも問題なく釣れるうえに冷凍保存して使えるので便利だ。

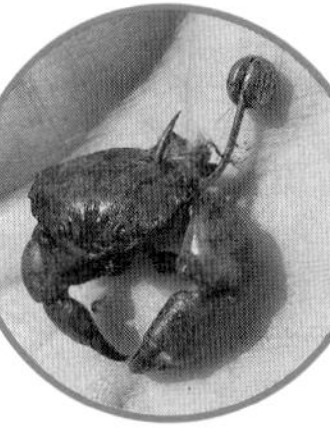
堤防にイガイが付着しだす春先に効果的なタンクガニ

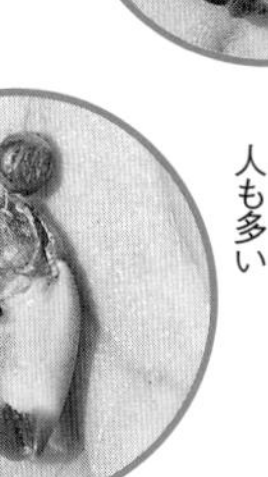
タンクガニで圧倒的に食われるのはツメ。そのためツメだけを使う人も多い

稚貝ダンゴはイガイの付き始めだけではなく盛期でもよく釣れる

夏

5～8月

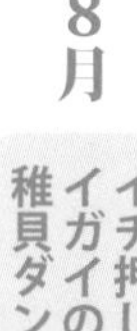

・イガイの稚貝（通称ダンゴ）

シーズン初期の5～6月はイガイのツブ（1粒付け）より釣果があり食い込みもよい。アタリも鮮明に出ることが多い。この時期に多いが、採取できるのであればフルシーズン常時使用したいエサだ。

●イガイのツブ

一年を通じて通用するエサで、特に7月と8月はツブのみでの釣行が多い。いろいろなエサを口にするクロダイであるが、その胃袋にはオールシーズンでイガイが入っている。しかし9月のエサ変わり時期から冬場に掛けてはイガイでの釣果が落ちる時期もある。

●イソガニ（通称アブラガニ）

シーズン中に堤防壁面に湧く時は使用する。他のカニより強く、ハリを刺しても長時間生きており、特に水潮時には有効。

盛期のエサはツブでまず間違いない。ハリへの装着方法は繊維掛けを含めて何種類もある。基本は中央の蝶々掛け

エサは堤防付着順の金言どおり堤防壁面に湧いている時はよく当たる。イソガニは他のカニより弱りにくいが、壁面にしがみつきやすい

●サバガニ

堤防壁面等には付かず7～8月頃に群れで湧いて海面に漂う。そのため採取が難しいが、そもそも滅多に出現しないレアキャラなので準備することはできない。しかも泳いでいないと死んでしまうため、網などで掬っても保存も難しい。しかしサバガニが湧くとクロダイが海面で捕食するボイルが多々見られ、ほかのエサに見向きもしなくなる。運よくエサにすることができれば間違いなく特効エサになる。

滅多に見ることができないサバガニの群れ。湧けば最強のエサになる

秋 9～11月

イチ押しはフジツボ

●フジツボ

秋のエサ変わり時は不思議なことにイガイよりもフジツボで圧倒的な釣果が出て、クロダイの胃袋の中がフジツボの白一色になる。単純に考えればイガイの表面に付き出すので当然と言えば当然。タンクガニ同様に冷凍保存が利くこともメリットになる。

なお、フジツボ使用時はハリスとハリのチモト部分の傷つきによるハリス切れに注意、こまめに点検したい。

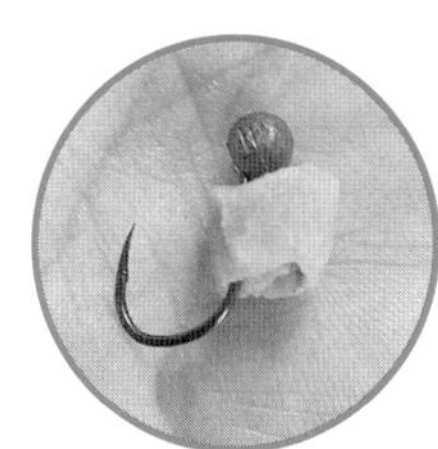

フジツボはエサ変わりのタイミングや水温が下がっていく時期に欠かせない

●ミドリイガイ

10月以降、水温が低下しだすと原因はわからないがイガイよりミドリイガ

イが圧倒的に食いがよくなり有効なエサになることがある。海水さえ確保できれば保存も容易である。

冬 12〜2月

イチ押しはフジツボバリュー

●フジツボバリュー

冬は以前まで落とし込み釣りのオフシーズンとされたが、それは身近な堤防周りでエサが採れなかったためでもある。真冬でもフジツボやパイプが確保できればクロダイは口を使うとわかっていても、その確保が本当に難しい。そんな状況を一変させてくれたのがフジツボバリューと呼ばれる疑似餌だ。

最近ではイガイ生バリューなどの新製品も登場している

疑似餌といっても形もサイズも本物と見分けがつかないほどリアルで、殻入りフジツボ、イガイ、カキなどの身とアミノ酸を配合していることから釣果は本物とほとんど変わらない。冬以外にも遠征先でエサ場がわからないときにも心強い。バリューの装餌法はコツがあり、バリューの下までハリを出さず横にハリ先を出すこと。

エサによって落とし方は変えないが、フジツボバリューは他のエサより重いため、オモリを付けないノーシンカーか、付けても極端に軽いものだけにしている。

●パイプ虫

冬のクロダイの特効エサとして関西方面ではおなじみ。関西遠征した際には必ず使用している。ここ数年は関東の堤防でも冬に見られるようになった。

コツは、使用前に面倒でも外側のパイプと中の虫を小分けにしておき、ハリ先に中の虫を房掛けにして付ける。

関東でもじわじわと存在感を増しているパイプ虫。年明け最初の1尾はこのエサで釣る人が増えている

こうすることによりアピール効果が数段UPする。ただし外道が煩わしい欠点があるので真冬限定のエサだ。

【アタリの見極め】

まずイトを真上から見ようとせず斜めから見る落とし込みスタイルを身に付けたい。これはアタリを見極めるハリスからミチイト部分をより長い線で見えるような状態にするためで、常に

目線を海面から30㎝前後上のミチイトを見るようにする。

この落とし込み方をマスターすると前アタリ（イトの微妙な震えや言い方が難しいがツンと跳ねるような感じや張る感じ）がわかってくる。

クロダイが食っていなければある一定のスピードで落ちていくが、エサに食い付いた数秒間に風など何らかの抵抗で震えるような前アタリやゆっくり落ちるなどのスピード変化によるアタリを線で見極めることができる。

ラインを張り気味にしてエサを落としながらアタリを見極める。太陽を背負う場合は自身の影を海に映し込まないように注意したい

次に大切なことは、その日の天候や海況によるが仕掛けが落ちて着底するまでの速度をしっかり記憶することだ。なぜなら、一定の速度で落ちていた仕掛けが急にゆっくりになったり早くなったらアタリであるからだ。

居食いされてしまう前にアタリを取ってアワセを入れることが大切だ。居食いされてもハリ掛かりすることはあるが、それは「釣った」ではなく「釣れた」になる。この居食いをどうにかしてアタリとして出したいと考えた結論がエサを底に着けないことであった。

水深の変化がある程度一定している木更津沖堤では底ダチを取るのは簡単である。

C堤を例に取るとD堤寄り後コバの水深約2mからB堤寄り前コバの水深約3mとだんだんと深くなっていく。まず後コバからスタート時2mで着底したなら、仕掛けが底に着かないよう、底すれすれに切って落とし込んでいく。前コバに行くにつれてリール操作で底を切りながらイトを張って落とし込んでいく。底を切っているのに底に着いたようにイトが弛んだらアタリだし、イトが動いてもアタリである。

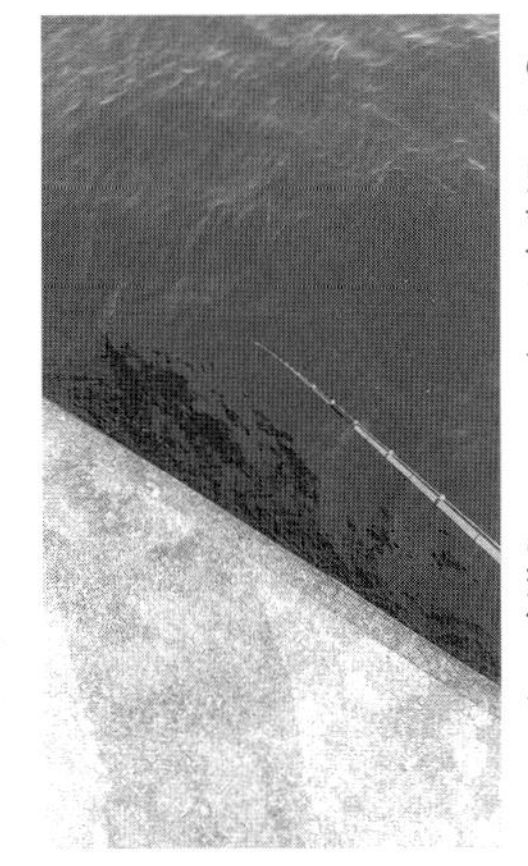
このように真上から見るとラインの変化が見えにくい

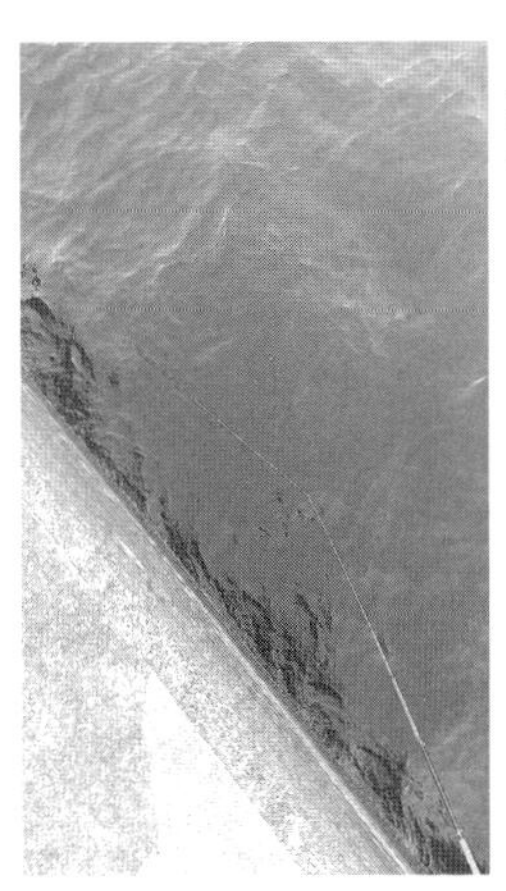
このように斜めから見るとラインの変化が非常にわかりやすい

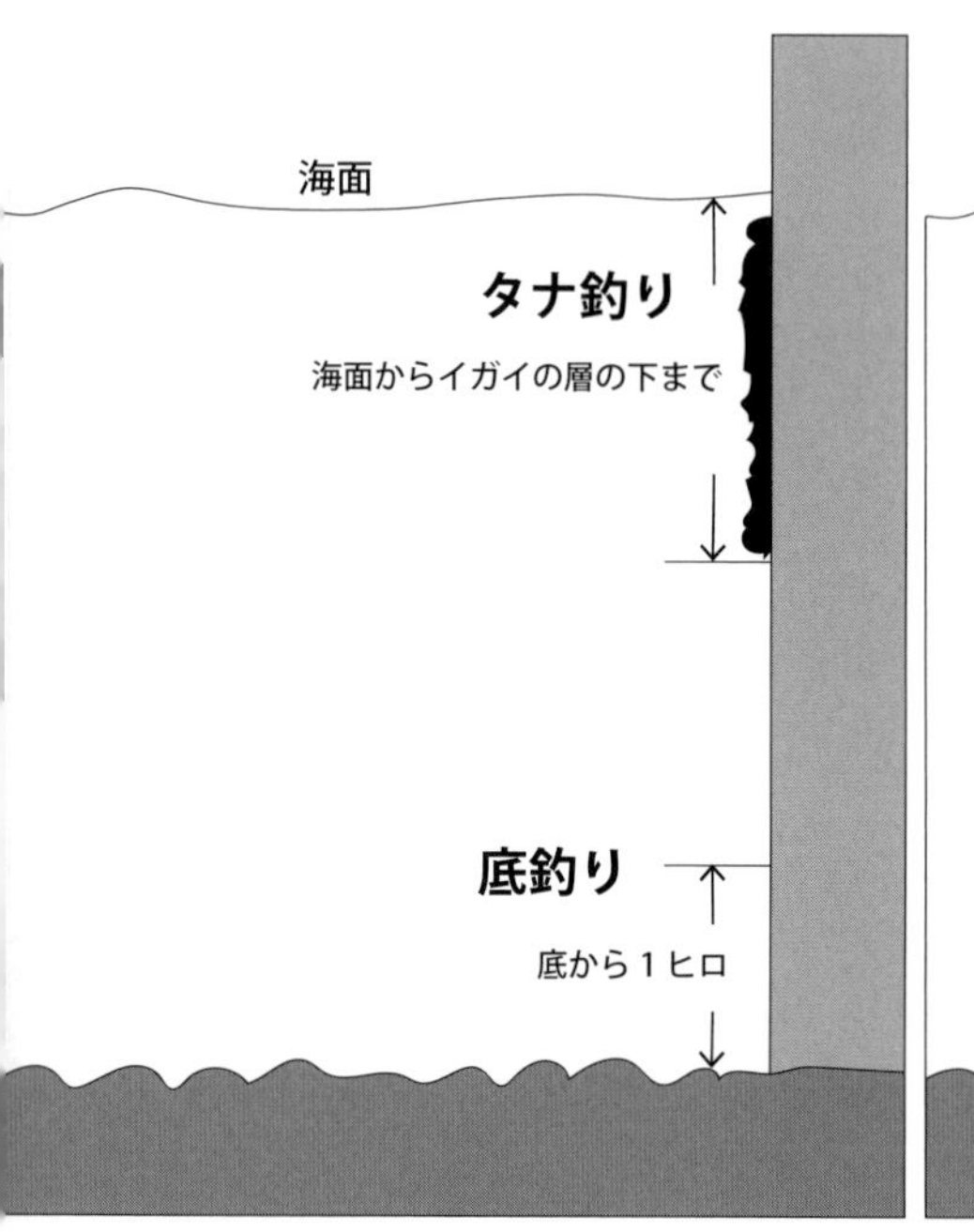

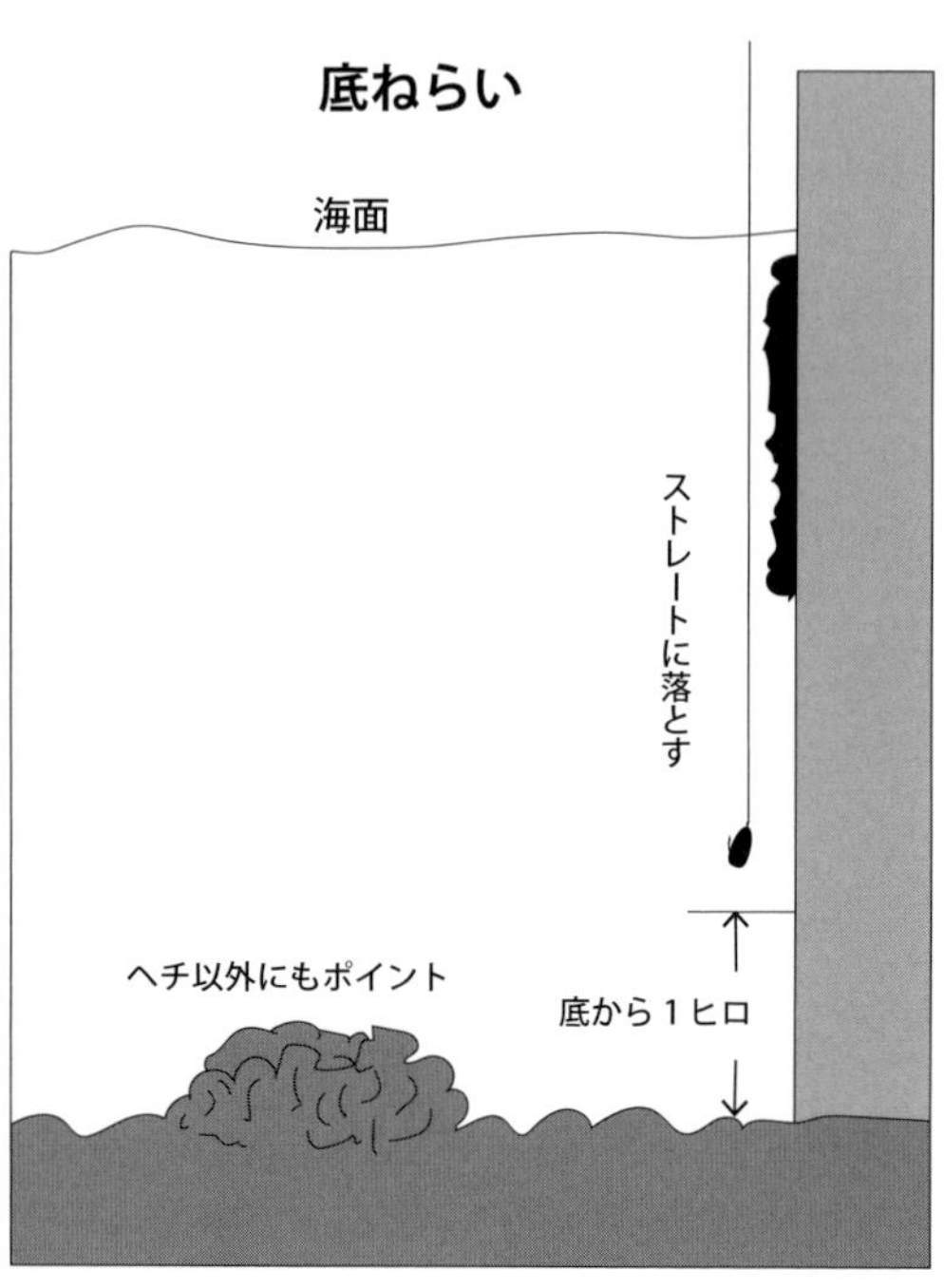

【アワセ】

アワセは聞きアワセと即アワセの２通りあり、山下会長は聞きアワセ派で私は即アワセ派である。

私の落とし込みスタイルはイトをできるだけ張って落とすが、無風ベタ凪でない限り１００％張ることは無理。なぜ張っていたいかというと即アワセが基本のため、イトフケがあればあるほどアタリの出方もアワセも遅れる可能性が大きく、実際過去に何度も痛い目にあっているためだ。

木更津沖堤のように浅い堤防は底周辺に気持ちが行ってしまいがちで、落とし込んで行く途中のタナで変化があってもついつい底まで落とし込んでしまう。

タナのアタリを見逃さないために大事なのは、落とし込んで行く途中で何か違和感やいつもと違う感じがしたら瞬時にスナップを利かせて軽くアワセを入れることだ。ガツンという手応え

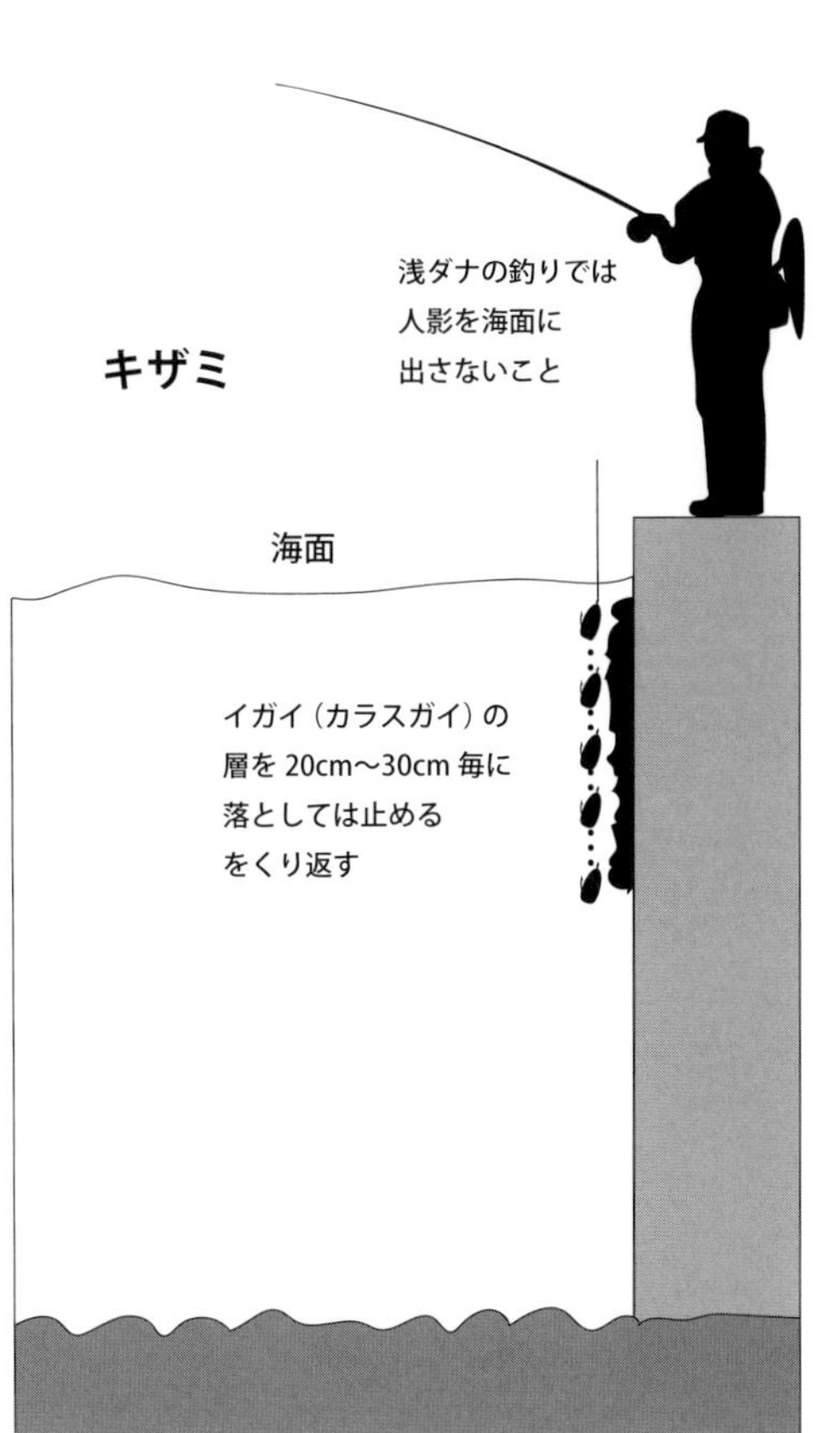

に「こんなのがアタリか⁉」と思うことが今でも多々ある。まさに千差万別であるが、それでも慣れるとその変化がアタリなのだとわかるようになる。要は「疑わしきはアワセろ！」ということ。しかし糸鳴りがするような強いアワセは着底直後の空アワセと同様にクロダイを驚かせて散らしてしまうので慎むべきなのは言うまでもない。

アワセを入れなければアタリかわからない。アタリがわからないからアワセを入れない。これではいつまで経っても上達しない。つまり、アタリとアワセはセットでマスターすべきことで、以下によくあるアタリとそれにマッチしたアワセのパターンを記す。

●ストップアタリ⇒即アワセ

落とし込み釣りで1番多く出るアタリがストップアタリだ。特に、クロダイがいるタナに仕掛けを落とすスピードが合っているときに多いアタリのような気がする。だからストップアタリ

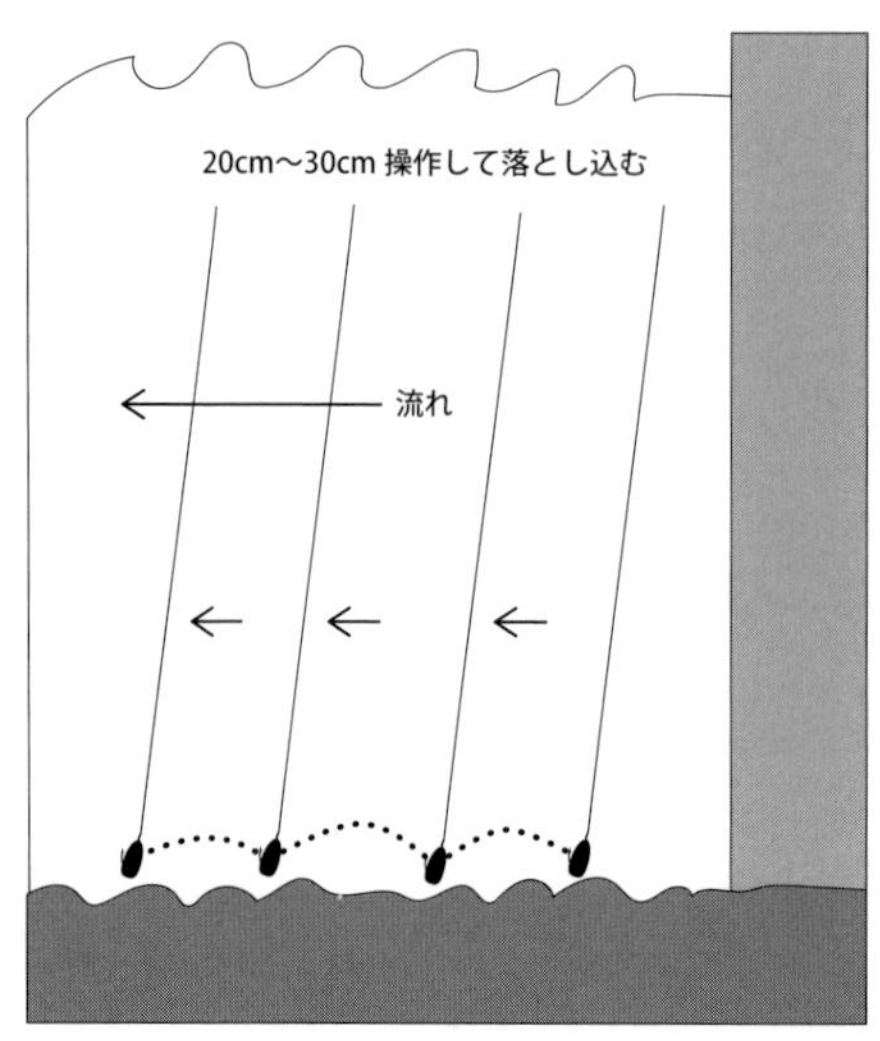

真っすぐに落としながらエサを底の流れに乗せて横方向へ探っていくスライド。ここからさらにラインを寝かせて流れに乗せるのがハワセ。ラインが目立たなくなるので魚の警戒心は薄まる

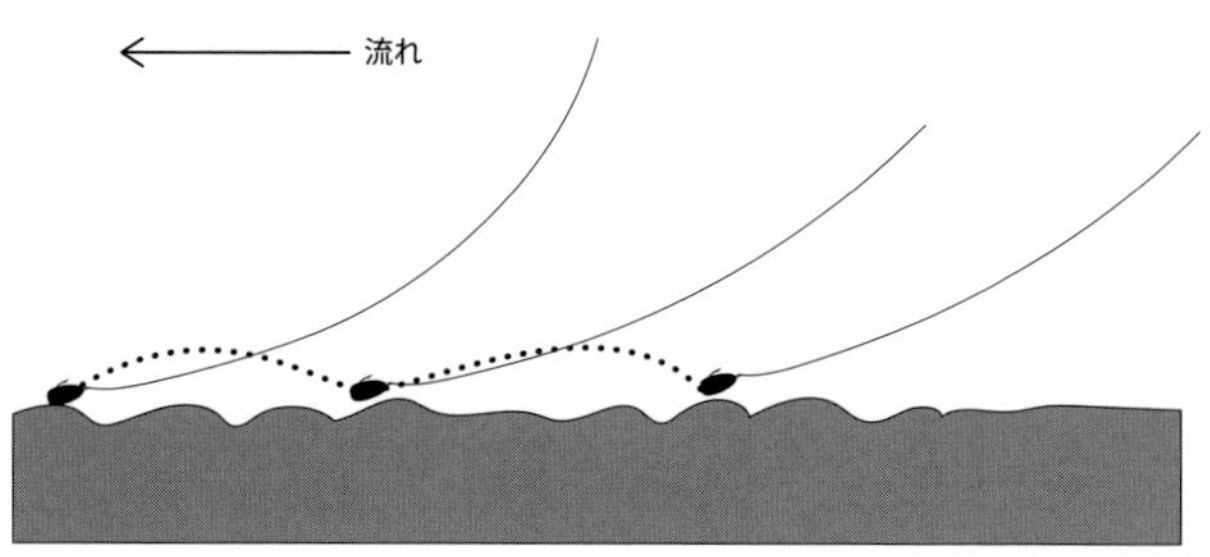

底ねらい（寝かせ・這わせ）
スライドと連動させる
この時できるだけハリスを寝かせること
流れ

が出ているときは落とし込む速度や使用オモリは変えないほうがいい。

実際にはいきなりイトが止まるというよりも、イトが震えるような感じの前アタリからストップアタリになることが多い。

●イトが張る⇒聞きアワセまたは即アワセ

イトの震えやツンとイトが跳ねるような前アタリからイトが張るアタリに繋がる。食い気があると一気に向こうアワセで持って行くアタリになることもある。

●イトが左右に動く⇒即アワセ

特に底周辺で多いのが、水中に入ったイトが右または左へタバコ1本分程度動くアタリだ。

こうしたイトの左右の変化は、クロダイが何の違和感もなくエサを食べて動き出している状態と考えられる。

左右の変化はわかりやすいが、たま

落とし込んで行く途中で何か違和感やいつもと違う感じがしたらスナップを利かせるように軽くアワセを入れる

チタン穂先のロッドを使うと「カツン」とか「コツン」と手もとにまで明確なアタリが出ることも多くなった

蛍光オレンジや蛍光イエローなどのほか単色ではなく配色が施されたミチイトもある。こうした見やすいミチイトを使ってなおかつ偏光サングラスを掛けて乱反射や逆光でも見やすくすることが重要

に下へ動くこともある。これは落下速度の変化であり、先に書いたようにイトを斜めから線で見るようにしていないとわかりにくい。

●「カツン」「コツン」⇒即アワセ

できるだけイトを張ってゆっくり落としているときに手もとに伝わるアタリで、イトフケが出過ぎているとあまり取れない。

クロダイの落とし込み釣りぐらいアタリが鮮明に出ない釣りはないと思う。そんな不鮮明なアタリをいかにタナで取って掛けていくかがこの釣りの楽しさであり、クロダイとの勝負どころである。

また、我々はタナの釣りにこだわるが、状況に応じて底の釣りもする。特に潮に乗せるスライド、さらに仕掛けを寝かせていくハワセは非常に有効なテクニックだ。ただし、流しっぱなしではなく、こまめに投入しなおすことが大切でこれが誘いになる。

変化のあるパイプ堤やスリット堤ではスリットの隙間やパイプ周り、スリット壁前後などをねらう

スリットの隙間には貝やカキ殻などがありハリスが接触するとすぐに切れてしまう。やり取りの上手さで釣果が大きく変わる

【ポイントの選び方】

冬はデータ蓄積のチャンス

目立った変化がない直立ケーソンの堤防ではケーソンの継ぎ目や潮通しのよい前後先端部が好ポイントであることは言うまでもない。

それ以外では海底地形に特徴がある場所（通り道・付き場）を探すこと。そのためには大潮干潮時に潮の流れや堤防各場所の地形や岩および水深等変化のある場所を確認することが重要である。

一方、変化のあるパイプ堤やスリット堤ではパイプやスリットの隙間やパイプ周り・スリット壁前後などポイントがはっきりしている。特にスリットの隙間は重点ポイント！　いかにそのポイントにエサを落とすかが釣果を左右する。

余談だが、各地のスリット堤に行ったが、わずか30～50㎝のスリットの隙間で食わせても貝やカキ殻などにハリスが接触して切られてしまうと思われていて、地元でもねらっている釣り人がいないことも多かった。そうなると、やり慣れている人とそうでない人は釣果に歴然とした差が出てしまう。

また、埠頭周辺では係留している船周辺やオーバーハングの中、ゴムパッド周辺などの人工ストラクチャー周りは好ポイントである。

ただし、どこで釣るにしても最低1

日陰を好むクロダイの絶好の付き場を形成するオーバーハング。スライダー釣法には絶好のポイント

ゴムパッドもオーバーハングの一種

年間は通うべきだ。特に冬場はなかなか釣れないが、潮が澄んでいるため干潮時に行けば根や底の形状が確認できるので何度も足を運びたい。

堤防に通い、各時期の各天候を体験することで、晴天より曇りや雨がいいことを知るし、晴天時は日陰が鉄則と知るだろう。また、その時期にはどの風向きや潮流れ（どこに風や潮がぶつかるか？）がいいのかを知るために、釣果のあった日の天候・風・潮（潮位・流れ）などのデータを集めも忘れてはならない。

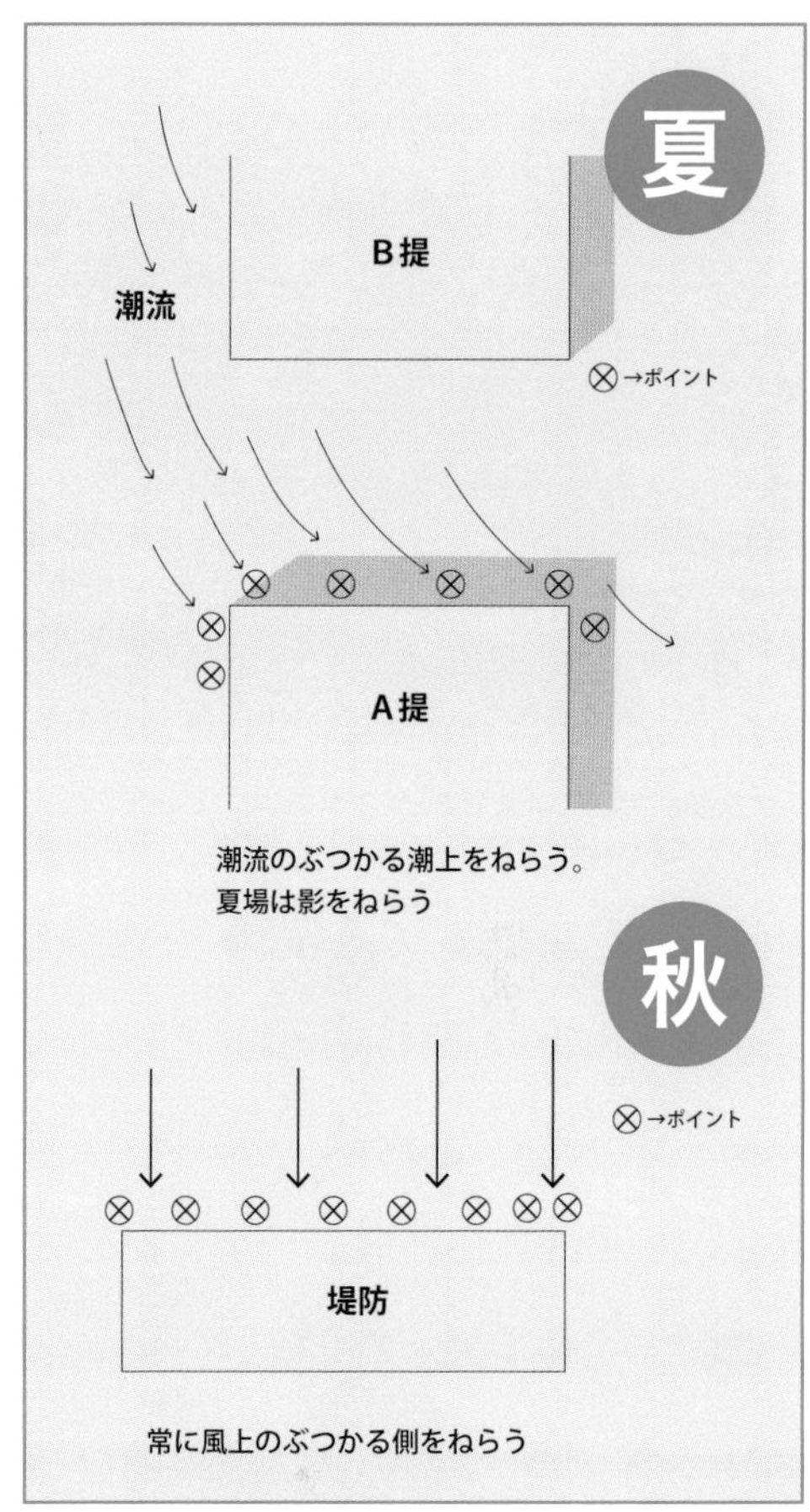

好きなのはタナの釣りだが、底の釣りも不得意ではない。あらかじめ水深分のラインを引き出しておき、重いオモリで底付近まで一気に沈めるのがキモだ

春先はなんといっても底釣りが中心。近年は東京湾でもパイプが人気のエサになっている

四季のポイント選びはこれが大事

【春】

春先はまだ水温が安定しないため非常にデリケートだが、冬場同様、水温が安定している場所がポイント。

乗っ込み期は水深のある堤防より浅い堤防で釣果が上がる傾向がある。

【夏】

深場・浅場といった水深に関係なく

クロダイは人の生活の場のすぐ近くで釣れる。足場もわりとよいことから夏場にはサンダル履きでも楽しめる緩さと、それでいてこんな大ものと対峙できるスリルが同居した、一生楽しめる素晴らしい趣味になるだろう

潮濁りがあり潮通しのよい場所。特に日陰は最重ポイント。

【秋】
落ちのシーズンのポイントは夏場と変わらないが、風が堤防に直接ぶつかる側を重点的に攻める。あとはエサ変わりに注意する。

これらのことを実践するだけでスキルは各段に向上するはず。あとは釣りクラブなどに入って経験を積むとさらなる深みにはまるはずだ

【冬】
冬は特に潮が澄むため水深がある場所が第一条件だが、浅場でも濁りが入りやすく春同様比較的水温が安定している場所なら有望。特に日当たりがよく日中に水温が上がるなら浅い場所もポイントとなる。温水の出ている排水口周りは特に好ポイント。

季節ごとのタナ

タナは季節を問わずイガイ層の上層から下層を中心に底までを探る。

天候など気象条件や場所にもよるが主に夏〜秋はタナ、冬〜春は底周辺が中心となる。また季節に関係なく朝夕マヅメは集中してタナねらいをする。

また比較的に浅い堤防では風向きと潮の流れが一致している時はタナ、一致してなく逆のときは底周辺でアタリが多い傾向があることも覚えておこう。

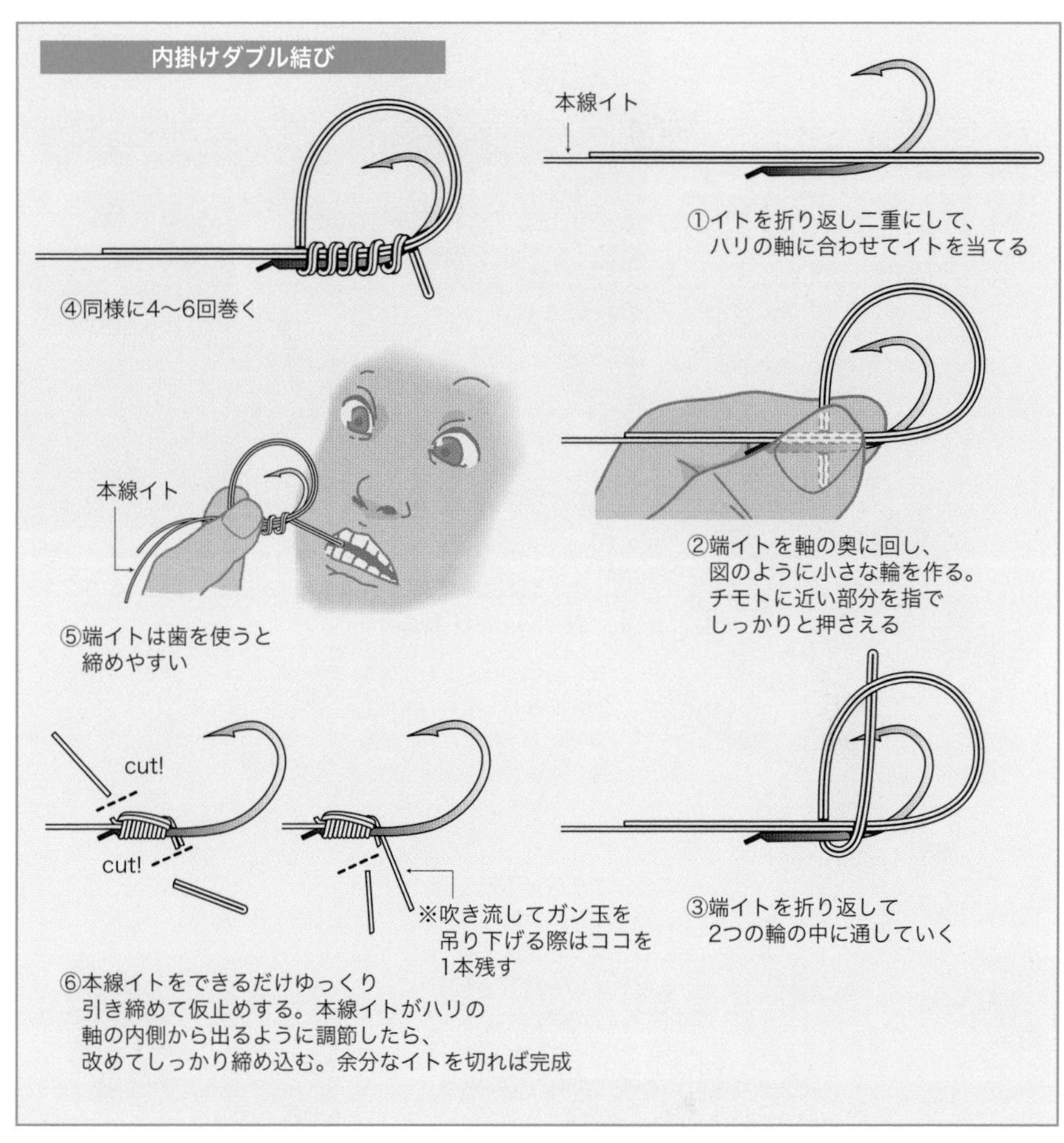

応用編 現在の結びや仕掛けはコレだ！

●内掛けダブル結び

前項ではおもにこの釣りの基本を書いたが、ここでは実際の私の結びや仕掛けや装餌法を解説する。ハリの結びは内掛けダブル結び。やはり結び目が1本よりも2本のハリスで締まっているほうが強度的に安全だ。ただし、太いハリスに小さなハリでこれをやると締めるのが甘くなってかえってすっぽ抜けやすくなるので注意。

●ダウンショットリグ

ダウンショットリグとはもともとブラックバス釣りで用いられる仕掛けの一種で、簡単にいえばハリのチモトでハリスを切らず、端イトを捨てイトのように吹き流し、先端にシンカーを打つもの。

落とし込みのダウンショットもハリ

輪ゴム留めなどいろいろな装餌法のあるパイプ。ダウンショットで使う際は最初に捨てイト部分を貝殻の隙間に通す

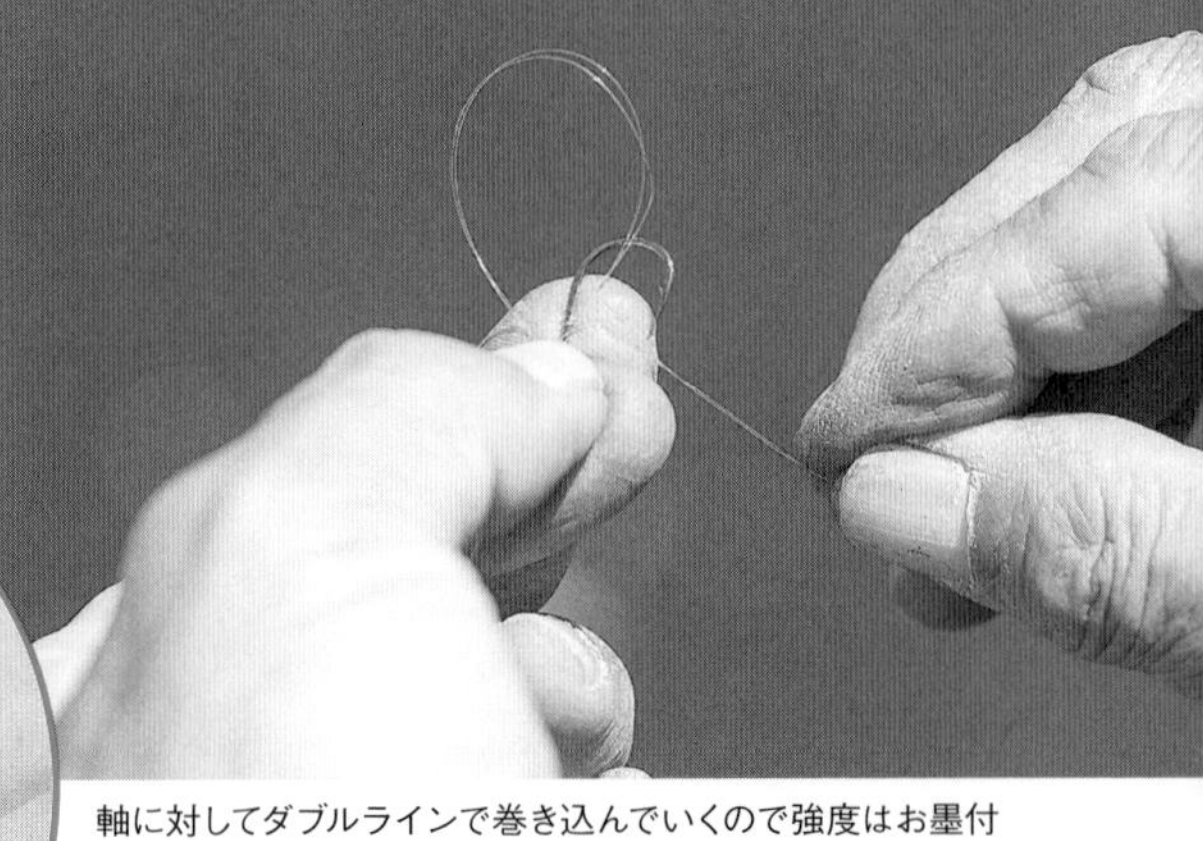

軸に対してダブルラインで巻き込んでいくので強度はお墨付き。慣れないと締め込みが甘くなりすっぽ抜けるので歯を使ってしっかり締める

ダウンショットはガン玉をハリには打たずハリスにも打たず、ハリから下に吹き流した捨てイト部分に打つ。ツブでもダンゴでも効く

その後、エサが落下しないようにハリに近い位置にガン玉を打つ。ハリ先が傷まず、吸い込みやすいためフッキング率も高まる。中のイソメをイミテートしたワームまたは赤い輪ゴムの切れ端などをハリの先端にセットするのも効果的

の下でハリスを切らずにそのまま長く垂らしておき、そこにガン玉をセットする。ツブ、稚貝ダンゴ、パイプ、フジツボなど、どんなエサとも相性がよく自然な一体感が生まれてオモリの存在感が消える。

●クモの糸

ここ数年、クモの糸と呼んでかなり重宝している商品がある。もちろん隠語である。

実際の商品名は『SMライン』（釣武者）と言い、本来はイシダイ釣り用のアイテムだが、その中でも最も細いSを愛用している

実は数年前、タンクにこれを使用している釣り仲間がいて存在を知った。最初はピンと来なかったが、バラバラになりやすい稚貝ダンゴを使っていてストレスを感じたときに「そうだ、あのクモの糸みたいなのを試してみよう」と思いつき、購入して使ってみたら、これが抜群によかった。

クモの糸の活用法

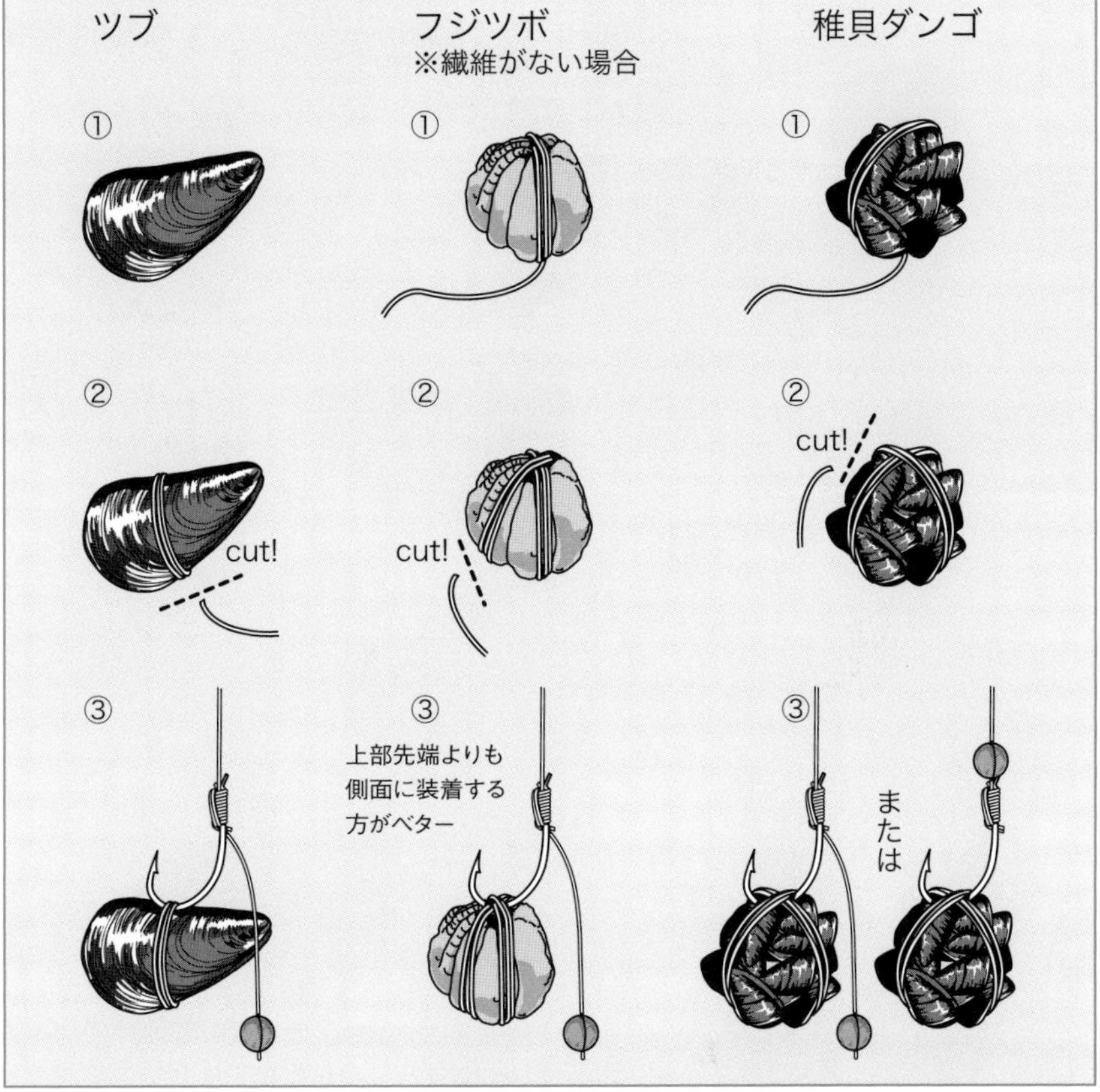

ツブ

①

②

cut!

③

フジツボ
※繊維がない場合

①

②

cut!

③

上部先端よりも
側面に装着する
方がベター

稚貝ダンゴ

①

②

cut!

③

または

目を凝らさないとわからないが、実はこの繊維掛けもクモの糸を使っている

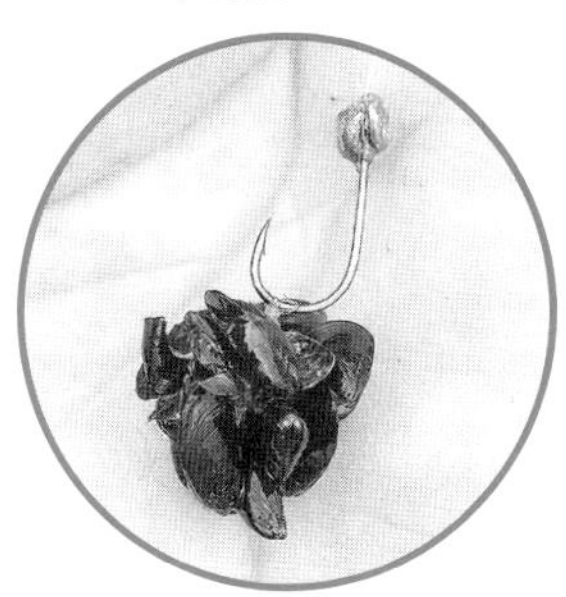

私にとってのクモの糸、『SMライン』のS

山下会長は『SMライン』のほか『餌巻きゴム糸401タイプ』（YGKよつあみ）、『最高級餌巻糸』（日輪）なども使っている。奥に見える『からまないゴム』はパイプ装着時に使う

ハリ先が傷みやすいフジツボもクモの糸を使えば問題解決

会長いわく、普段は繊維掛けで使うツブも繊維がなくなったものはこのようにクモの糸を巻いて使うそうだ

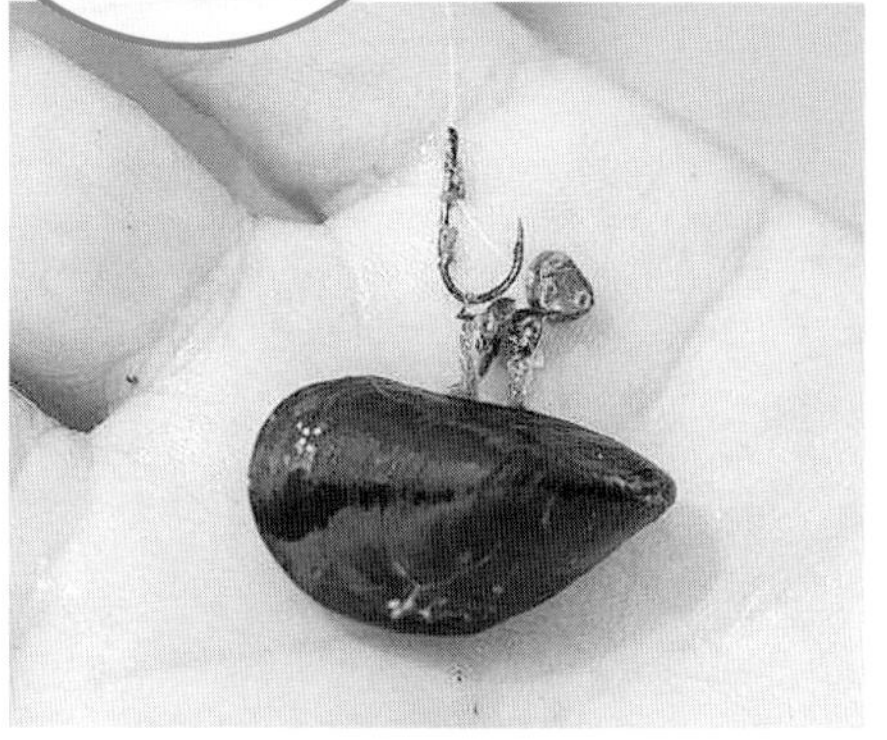

要は繊維掛けのこの状態をクモの糸で作りたいわけだ

パイプに『からまないゴム』を巻き付けてそこにハリを通す。ハリ先にはイソメを模した輪ゴムの切れ端をセット。これがこの冬に川崎でよく効いた

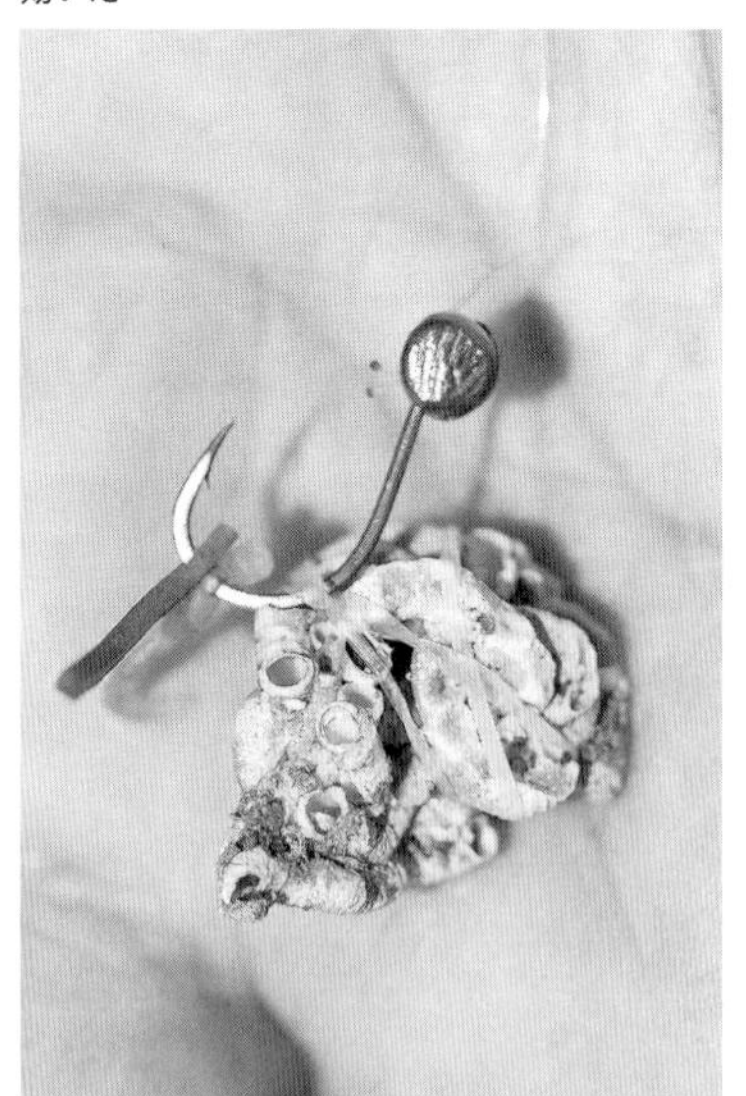

髪の毛より細いのではないかと思えるほど繊細なため目立たず、ゴムのような伸縮性があるためクルクルと数回巻き付けるだけで自然に締め付ける。最大の利点は絹糸などと違って最後に仮止めをする必要がなく、締まった状態でプツっと切るだけでほつれないこと。会長は繊維がなくなったツブにもクモの糸を巻き付けるそうだ。とにかく一度使ったら手放せない。そして本当はまだまだ世の中に公表したくなかった、とっておきのアイテムである。

爆笑！

昭和・平成・令和の3時代を駆け抜けた

黒鯛漫遊記

郡雄太郎の海辺の事件簿

山下正明のヘチ釣り回想録

ここからは肩の力を抜いて
ふたりのコラムをお楽しみいただこう。
濃密な釣り人生を歩んできた我々が
全国で体験したこと、感じたこと、未来への想いを綴る。

爆釣！

山下正明のヘチ釣り回想録①

秘密の多い釣り

児玉さんとの出会い

私がクロダイ釣りを始めたのは昭和50年8月。台風8号が三陸沖に去り、その余波が残る木更津B堤。この日のことは今でも鮮明に覚えている。不慣れなフカセ釣りに少々面食らいながらも、始めたその日に40cmのクロダイを手にすることができた。その感動は忘れられない。そして深く深くこの釣りにハマっていったのであるが……。

落とし込みをやり始めて早くも4年目のシーズンを迎えた頃。ミチイトは黄色いストレーン2号、ハリスはシーガーエース2号1ヒロ。ハリは伊勢尼4号。エサはカニ。フンドシのところから甲羅にハリを刺し、チモトにガン玉4Bを打って早く着底させ、1、2、3と数えてからアワせるというトンキューと呼ばれる釣り方が主流だった。

こんな釣りを4年もしていると釣れる時間帯がわかってきて、干潮からの潮が上げる1時間、そして上げ7分から下げ3分での釣果が多かった。

底で掛けると、まるで地球でも掛けたかのように重く、そして強い引きがたまらなく、1日中釣り歩いていた。

しかし、周囲の全員がイチ、ニノ、サンで空アワセをするため、そばにいたクロダイも驚いて逃げていく。そんな釣り方だった。

そんなある日、偶然にも私の住んでいる四谷三丁目で居酒屋を営んでいる児玉市郎さん（前黒友会会長）にお会いした。「そうか山下君も釣りをするんだ、じゃあ今度一緒に行こう」となった。児玉さんは木更津で名人と呼ばれる方で、その児玉さんと一緒に釣りができる、いや教えてもらえると喜び、それから何度も一緒に釣りに行ったが、一向に釣りを教えてくれなかった。ただ、「堤防に上がったら早くエサを付け、どんどん歩いて釣れ」とだけ。

児玉さんの恰好は麦わら帽子のつばに2cmくらいの穴がひとつ、年季の入ったヨレヨレのベスト、細いズボンに草履、手ぬぐいをぶら下げた姿で堤防上を誰よりも早く行ったり来たり。アウトで釣ったら今度はインでクロダイを釣りあげる。

不思議なことも多かった。朝、船宿でカニを1パックずつ買い、私はそれをエサ箱に、児玉さんはベストのポケットに入れる。そして私はカニをエサに1日釣り歩いて1、2尾のクロダイを釣る。児玉さんは必ずツ抜けをしていた。どうしてこんなに差が付くのか。

いつも私を先に行かせて、あとから児玉さんがバンバン釣る。なんでだ⁉

児玉さんのそばに行き、どうやって釣ったのか、仕掛けは、エサはと聞こうとすると、その場に座ってタバコを一服。サオはエサが付いているであろう状態で堤防に置いてしまう。

「今が一番当たっているから釣らなくちゃダメだよ、山下君」

そう言われて釣りを再開して10mほど探り歩いてから振り返ると、また児玉さんが釣っている！　おかしい、これは何かあると確信するが、その何かがサッパリわからない。そういえば買ったカニは10匹だったのに、もう15尾は釣っている……。ある日は買ったカニを海に捨てているところを目撃した。エサ無しで釣ってるのか⁉

この年は質問するばかりで終わったが、児玉さんからは「1年よく頑張ったから来年は本当のことを教えてあげる」と言われ、落とし込みは秘密の多い釣りだと思った。

黒友会の前会長である児玉市郎さんとの思い出は尽きないが、なんといっても印象に残っているのは遠矢国利さんとの共著『クロダイ（チヌ）』（西東社刊）にて落とし込み釣りの基礎を世に広めたこと。当時のバイブルだった

つばの穴の意味

そして5年目のシーズン。「山下君、今日はエサを採りに行くから車は袖ケ浦に向かってくれ」と言われ、到着すると突堤があり、その周りにテトラが入っていた。潮は干潮。「山下君、突堤の壁面に着いているイガイをこのヘラで採ってくれ。そうそう、その2、3cmくらいのがいいね」などと言われるままに採ると、「それがクロダイのエサだよ」と言われ、「ええ⁉」と驚いた。

そういえば釣ったクロダイの腹を割いたとき、イガイがいっぱい入っていたけど……これがエサになるのか。なんで気づかなかったのか。

「渓流釣りに行ったときも魚の腹を割いて何を食べているのか調べてから釣ったじゃないか」

釣りの奥深さを知った。麦わら帽子のつばに空いた穴は、近づいてくる釣り人を見るためのもので、そばに来たら座ったり、事前にハリから外してエサを見せないためだったのだ。

当時の東京湾でイガイを使って落とし込みをしていたのは児玉さんのほか、川崎や横浜に数名しかいなかった。

児玉さんからの指名を受けて『クロダイ（チヌ）』の改訂版からは私が落とし込み釣りについての記事を担当させてもらった。当時、秘密の多い釣りの秘密の部分をかなり包み隠さずに書いた

郡雄太郎の海辺の事件簿①

やっぱりモッテる人は違う！

赤潮のコンベアで

25～26年前、千葉県内房にはまだ浅間堤防と五洋堤防があった。建設会社が山から海に山砂を運ぶためのベルトコンベアが海の上に約1㎞に渡って張り巡らされており、それを支える鉄骨を波から守るために造られた堤防だ。

どちらも水深は2～3ｍと比較的浅い。釣り場は両堤防のほかに2本のベルトコンベアの土台鉄骨があり、特にコンベアの土台は見た目からしてかなり特殊な釣り場だった。

このコンベアでの釣りを教えてくれたのは黒友会の児玉前会長である。千葉上総湊天羽漁港の漁師に渡船をしてもらうように交渉したのだ。

当時は実際に稼働していたため平日は早朝4時から7時までと作業開始前の短時間のみ。土日はもう少し長く、早朝4時から10時までという約束になっていた。

今でも思うのは「ここは凄かった！」ということ。サイトフィッシング、タナ釣り、アタリの数々、掛けてからの取り込み方等々はすべてここで覚えたと言っても過言ではないし、初めての50㎝オーバー、初めての2㎏オーバーを釣ったのも、初めてのツ抜けを達成したのもここ。まさにクロダイ道場と呼べる釣り場だった。

1～2年通ううちに渡船屋の漁師に気に入られ、「お前さんたちなら予備ボートを貸すから勝手に行け」とまで言われ、山下会長や仲間5～6人と5月中旬～9月まで毎週土曜日に通って腕を磨いた。

そんな折、山下会長にある雑誌からの取材の依頼があった。ところが浅間も五洋も赤潮で状況悪く、このところの釣果は0～1尾と船長から連絡あり、それを聞いた編集担当記者は同行してもいい写真は撮れそうもないと判断して、取材はなしのレポートだけに切り替えたのだった。

ところが、なんと山下会長はひとりで約50尾という大爆釣を演じた。同行したボクと仲間は4人で十数尾の釣果。特に赤潮の状況が好転したように思えなかったが、それにしても凄まじい釣れっぷりだった。それを生かしておき、リリースする前に港で並べた写真を記者に送ると、それが掲載され、その記事は当時大いに話題になって渡船屋に問い合わせが殺到した。

木更津レコードはこうした生まれた

その日も山下会長は朝からガンガン

思い出のベルトコンベア。ここでアタリの多彩さを学んだ

釣りまくり、同行したボクも満足のいく釣果を得て、予定どおりに昼過ぎには帰途に就くはずだった。ところが同行していた若手3名のうち一人は1尾、一人は掛けたがバラシ、もう一人は何もなくボーズで消化不良を訴えてきた。

とはいえ釣行費がもったいないので5人で1台の車に相乗りしていた。3人はこれから木更津に行って15時便に乗りたいと言う。

山下会長は「オレは車で待ってるよ」と言っていたが、ボクが無理やり船に乗せると「じゃあ一番近いD提で寝てるよ」とそそくさと下船。

その時間帯は潮が低く、風を考えてもA提かB提が有利だった。D提に降りるやすぐに寝そべった山下会長を見たW君が「無理やり乗せちゃった感じで悪いですねえ」とひと言。

しかしタダでは起きないのが我が会長。1時間ほど堤防の上で眠ったあと、D提先端コバを覗くと潮がゆっくり動いてほどよい濁り。少しやってみるかと準備をすると数投目でアタリ。

アワせると今までにない重量感ある強い引き。慎重にやり取りを続け……見えた魚影の長さと体高にびっくりしたという。

それを慎重にタモに入れ、堤防の上で改めて見直してもますますデカい。渡船屋で計測すると木更津公式認定記録として初めての3kgオーバー。この新記録の特大クロダイは記念として剥製にして家宝にしているという。

コンベアでの悪条件時の取材での信じられない釣果や、いやいや行ったD提での木更津新記録など、やはりモッテる人は違うのである。

でも会長！　オレは行かないよと言ってたのを無理やり連れて行ったのはボクですからね。そこんとこ……お忘れなく！（笑）。

当時は実際に稼働していたため平日は作業開始前の早朝4時から7時のみ釣りができた

山下正明のヘチ釣り回想録②

イガイな事始め

野島防波堤の中学生

前項で私とイガイの初めての出会いについて書いた。当時、東京湾でイガイをエサにしていたのは木更津、川崎、横浜に数名いたのみ。その中でも一番最初は誰かといえば川崎のWさんになるだろう。

場所は野島防波堤だった。シロギスやアイナメを釣りに中学生のふたり組が来ており、午前中にシロギスも釣れたようで、ハリにエサを付けてぶん投げておいて、お昼にご飯を食べていたときのことだ。

そのサオに魚が掛かり、あっという間にリールごと海中に引きずり込まれたという。そこにひとりの釣り人が通りがかり、海中に落ちたリールを玉網で掬い上げると、そのサオの先にはまだ魚が付いているようなのでリールのハンドルを回して魚も釣りあげたのだそうだ。

玉網に導いた魚は40㎝のクロダイで、その口もとには真っ黒な貝が……。

「坊主、これをエサにして釣っているの？」と聞くと、「そこに落ちてたから拾ってハリに付けてぶん投げた」と答えた。それを聞いた落とし込みの釣り人が川崎の大工のWさんだった。

手練れのWさんはすぐに「もしかして……」と思い、小さめのイガイをハリに付けて落としたところ、その日は10尾ものクロダイを釣ったという。

湖上で食事中に落としてしまったスプーンにマスが食いついたことがルアーの起源とされる。かがり火の松明の燃えさしにアオリイカが抱き着いたことが餌木の起源とされる。

釣りの事始めは往々にして全く想像していないところから偶然に生まれるものである。

イガイは疑似餌ではないが、エサとしてのイメージが湧かないくらい、エサとはかけ離れた存在だった。

神奈川の秘密が千葉に伝播した理由

この話がすぐに広まったかというとそうではない。Wさんの仲間内の数人のメンバーだけに教えて、その数人でイガイを秘かに使い始めた。

当時のメンバーは、この新しい釣りのためにサオを改良した。試行錯誤の末にたどり着いたのが8対2の先調子。しかもそのメンバーはイガイを使っていることがバレるのを恐れて地元ではやらず、わざわざ木更津まで来て試していた。

しかし、木更津沖堤に来てもこれほ

ど目立つ釣り人もない。あまりにもたくさんのクロダイを釣るものだから、遠くから双眼鏡で覗き込み、なんのエサを使っているのか見ている釣り人も現われたほどだ。

「タンクに違いない」

「ワカメっぽい」

などなどさまざまな憶測を呼んだが、もちろん答えはイガイであり、今となっては当たり前すぎるほど当たり前のエサで意外でもなんでもない。しかし当時はまさかまさかの意外なイガイだったのだ。

こうした流れがあり、件の児玉さんもいつしかイガイの存在を知ったのだろう。

しかしよく考えれば、一番最初に使ったのはWさんではなく、中学生の坊主ふたり組なのだが、その子たちがその後、イガイをエサにしてクロダイを釣ったかどうかは定かではない。

野趣満点の野島防波堤はヘチ釣り発祥の地と言われる。イガイの釣りがここから生まれたのは自然のことだろう

イガイは今では当たり前すぎるエサだが、当時は意外すぎるエサだった

郡雄太郎の海辺の事件簿②

隠語

・ヘチの前打ち↓アッコちゃん

当時はまだペーペーだったボクが教わったのはイガイ（カラスガイ）のブラックという隠語のみ。それも「ブラック付けての堤防移動時は必ず手で隠せ！」だけ（笑）。

この頃は、イガイがエサと言われても信じられず、渡船屋でいつもマメガニやイソメを買って使っていたのだが、それが山下会長にバレて怒られ強制的にイガイだけをエサ箱に入れられたのだった。

ところが、釣り始めて1時間経った頃、イトが落ちていかない。ヘチに引っ掛かったと思ってサオを上げると強烈な引き込みにビックリ！　慌てて耐えるがフックアウト。腰が抜けてしゃがみ込んでしばらく動けなかった鮮明な記憶がある。

これを機会にイガイへの不信感は完全に消え、エサでは迷わなくなった。釣果も飛躍的に上がり2年目で何と年

ヘチ釣りに見せて実はヘチの沖を前打ちすることを「アッコちゃん」と言った

ブラブラ

現在のようにインターネットが発達しておらず、SNSなども普及していなかった80年代。クロダイ落とし込み釣りの世界では、黒友会メンバーや木更津の常連といった気心が知れたメンバー内でのみテクニック等々の話し合いが行なわれていた。しかもその会話を誰かほかの人に聞かれてもなんのことかわからないように、先人たちは独特な隠語を作ったのだ。

隠語例を挙げると——。

・イガイ↓ブラック
・タンク・サバガニ↓インベーダー
・フジツボ↓ブラ or 山ちゃん
・フジツボ付きイガイ↓ブラブラ

間例会2位になれた。

しかしこの釣りは奥が深く、8月末から9月になるとエサ変わりでフジツボが断然有利になる（詳しくは22〜23ページの『ときには胃の中を確認すべし』を参照）。

8月末頃からイガイの表面にフジツボが付着する。ビギナーの自分はイガイのみを採っていたが先輩連中はイガイよりもフジツボを採りたいため、談笑するなどして時間稼ぎをして、その間に自分たちビギナーメンバーに早く釣りをさせ、その後に自分たちだけでフジツボを剥がしていたのである。

いま考えると「なるほど！」と思うが、当時はまるで疑うことがなかった。

のちに当時のことを山下会長に聞くと自分だけの㊙情報なら教えても問題なかったが、他メンバーからの㊙情報は他言無用がルールで、教える場合は全員の許可が必要だったとのこと。

だから「エサはあるか？」と言いながらわざとエサ箱を突き出したのだとあとから知った

あのときに自分が山下会長のエサ箱を開けてフジツボがあったとしても、イガイに付いていたのが取れたくらいにしか思わず、疑いもなくイガイのみを貰ったと思う。

秘密のアッ子ちゃん

実際、すぐに連想できてしまうバレバレの言葉では隠語にならない。

だからフジツボのことを「ブラ」とか「山ちゃん」と言っていたのだ。そして「ブラブラ」がまさかフジツボ付きイガイのことだとは思うまい。

ただ、「アッコちゃん」だけは言葉の響きが特殊すぎて「何だろう？」と思った記憶がある。

3年目だったと思うがC堤で午後からアタリかなりあり4尾釣れたが時合いが過ぎるとアタリがなくなった。そこでB提寄りのコバ周りに移動してヘチから2〜2・5ｍのサオいっぱいイトを出して落とし込むと立て続けに4尾釣れ、木更津で8尾の自己新記録！

帰船時、山下会長に「ヘチから離しても釣れるんですね！」と状況を話すと傍にいた先輩が「アッコちゃんでか？」と言った。

「アッコちゃん!? 何ですかそれ？」と聞き返すと慌てて話をそらす。山下会長に問い返すと苦笑いを浮かべるばかりで「？？？」だったが、まさにこれこそ隠語の中の隠語で秘密の中の秘密、だからアッ子ちゃんなのだ。

それにしても、ヘチから離して釣ることがまさか㊙テクニックだったとは……しかも偶然に身に付けていたとは……それを知った時は自画自賛したのは言うまでもない。

上から「ブラ」、「ブラック」「ブラブラ」

山下正明のヘチ釣り回想録③

悪魔の囁き

非常食の食い溜め

釣友から「台風が発生したよ」と電話があった。さらに「今日は木更津で●枚食った」などと声を弾ませるのだから、過去の台風で被災した方々やこれから進路にあたる住民の方々からすれば不謹慎な話だ。

台風。クロダイをねらう釣り人をこうまで熱狂させるのは何故なのか。

我がホームの木更津沖堤は南岸の新日鉄の埋立地を荒天から防御するために建築され、東から西に延びている一文字堤防で、4つの独立した堤防がある。南面は新日鉄のある陸向かいで、北面は東京湾を望む。そのため潮通しのよい北面に、クロダイのエサになるイガイが付着し、それがクロダイの捕食行動における隠れ家ともなり、少しの北風でも中層で大釣りがあった。しかしここ数年はイガイの付着が少なくなり、そのためクロダイの警戒心が高まり、堤防に寄り付く条件がかなり限定されてきている。

クロダイを寄せる条件のひとつが、北または南の大風による寄せ波だ。東や西の風では堤防に沿って並行に吹き付けるため、水温を低下させて濁りをなくしてしまう。真正面から吹き付ける南や北の大風は、その波浪によって濁りを生み出すとともに堤防のエサ落ちを促す。そのためクロダイは影響から逃れるために湾内やテトラに移動する途中の堤防で非常食の食い溜めをするのだと私は考えている。

それでも心が騒がしくなる

このコラムを執筆した２００６年は梅雨明けが遅く、水温が上昇しないうちに台風があったためか早期の大釣りはなかった。この年の最初の大釣りは8月14日に東京湾南方海上の近海で発生した台風10号によるもので、日本海高気圧と連動して東京湾に強い北風を数日間もたらした。14日の木更津のサオ頭は私の釣友で10尾、2番手は7尾。寄せ波によるバラシは2倍ほどあったそうだ。

遅まきながら私も16日に木更津へ。同時に発生した台風11号の進路と干渉しあったせいか北東の風で波高もさほどではなかった。それでも満潮前後の1時間ほどで釣友は6回のアタリで3尾、私は4回のアタリで4尾を釣った。アタリはすべて矢引きのハリスが入った途端のストップアタリだ。

次の大釣りは9月11日に発生した台風13号。13日に北緯20度線を越えて日本海の高気圧と相まって木更津に北の強風が吹き付け、堤防全体が活性化した。当日のサオ頭は11尾、2番手が8尾。堤防にいたほとんどのヘチ釣り師は釣果に恵まれた。

思い起こせば東京湾黒鯛研究会の初めての久里浜大会も台風接近中のなか決行し、着くと堤防が一面サラシと化して、ヘチは滝のようだった。開始早々3人が波にさらわれ、さらに2人が落水した。海を知り尽くした名手でもそうなるのだ。

我がホームの木更津沖堤は東から西に延びている。南面は新日鉄のある陸向かいで、北面は東京湾を望む。特にクロダイを寄せる条件が北の強風だ

久里浜といえば2003年の台風4号が接近したときのことを思い出す。渡船屋に電話をすると『丸清』のオヤジは「台風じゃ船出ないよ。でも、お前らだからなあ……」。

このひと言で行くことを決めた。クラブの郡、越川も行くとのこと。誰もいないと思っていた船着場には佐藤、伊藤、川村という神奈川方面でクロダイを釣らせたらトップクラスで久里浜を知り尽くしている3人がいた。

午前5時、オヤジ登場。「早上がりを覚悟しとけよ」と言って堤防元に私と郡、中央に伊藤と川村、先端にはウネリに負けない身体の持ち主の佐藤と越川が入った。私が釣りを開始するときには先端のふたりはサオを曲げていた。中央のふたりもウネリのため動けないが7尾釣ったという。

雨と風が強まり8時半には納竿したが、最高の数時間を過ごすことができた。先端ふたりは11尾釣ったという。

我々もタナでバンバン当たった。

時代は大きく変わって、場所によっては泳ぐことを前提にしていたこの釣りも現在ではライフジャケットの着用が当たり前になった。おそらく昔と違って、今なら渡船中止の線引きも厳しいものになっているだろう。

それでも台風接近のニュースを知ると、心が騒ぎ、仲間からの電話が鳴るのである。

東京湾の釣り場の中で最も外洋に近い久里浜沖堤。ウネリが入ると堤防が一面サラシと化して、ヘチは滝のようになる

郡雄太郎の海辺の事件簿③

サバガニ騒動

20年に一度の光景

木更津沖堤に通ってかれこれ40年になるが、堤防付近でサバガニが湧いたのは1～2回しかない。

クロダイ師ならよく知っていると思うが、サバガニが湧くとクロダイは他のエサには見向きもしなくなる。それほどの特効エサだ。

水面に群れをなして泳ぐ遊泳ガニのため、大きい水槽のような物に酸素ブクを入れていないと死んでしまうデリケートなカニである。

そんなサバガニが木更津で湧いた日に偶然いた。

A堤で釣りをしていると、アウトコースの沖30mあたりの海面が急にザワついて、小魚が追われているような感じになっていることに気づいた。

なんだあれ？　ナブラにも見えるが鳥山はない。変だなぁと思って見ているとだんだんと近寄ってくる。その日は当時の斎藤副会長と一緒で、ふたりで再度よく見ると魚ではなくカニ⁉　まさしくサバガニだ！

ちょうど渡船の定期便が来たのでこっちへ呼んで、斎藤副会長、会員のS君とK君と一緒に乗り込み事情を話して追跡捕獲へ。30分くらいで大型ポリバケツ2ハイと備え付け生簀いっぱいになるまで掬いまくった。

船長には「黒友会の会員が来たらあげてね」と頼み、おそらく1週間ぐらいしか生きられない寿命なので売ってもOKと言ってA堤に戻ると、さっそく今獲ったサバガニを付けて釣りを開始したのである。

自分で掬って自分で買う？

さすがは特効エサ。44～47㎝の良型クロダイを瞬く間に6尾ゲットした。ビギナーメンバーのS君も3尾、K君も4尾。アタリやバラシもかなりあったという。

帰宅後K君から「サバガニでの爆釣が忘れられない。バラしたのも悔しいし明日も行きましょう」と電話があった。これをきっかけに治まっていた病名「黒キチ病」の末期症状がムクムク目覚めてしまい即決で快諾。会社を仮病で休んで釣りに行こうと決意した。

朝一からK君と木更津へ。渡船の手続きをすませ「サバガニお願いします」と言ったら店主が「1パック600円、2パックで1200円」と想像もしないまさかの返事があり、思わずK君と唖然とし見つめ合った。

いやいやこのサバガニ、オレたちが

これがサバガニの大群泳。東京湾だけはなく大阪湾でも夏に大量発生し海面を泳ぎまわる。これを大量に食べたクロダイやスズキはカニのカロチン色素で体表から肉まで黄色くなるという

掬ったものだし、会員以外は売ってもOKだけど黒友会会員には無料でと伝えたけど……とは言えず、600円ずつ払ったものの納得がいかず、首を傾げながらお金を渡した。

そんなバタバタがあったもののサバガニの効果は抜群！　開始早々から半ピロ～1ヒロでアタリ連発！

いやなことなど完全に忘れる爆釣になり午前中だけで11尾とツ抜けの釣果。いつもどおり11時便で上がると船長と店主との連絡が悪く1パック600円取ったことの謝罪と返金があり、午後からの渡船料金もサービスになったのでこちらもすっきり。

午後からも数は忘れたがふたりで12尾くらい釣ったと思う。

この日でボクの「黒キチ病」は何週間かは収まったが、困ったことに今度はK君が「黒キチ病」に完全に罹ってしまい、今も治らず重症である。

そう言えば、この原稿を書いている2020年には神奈川の鳥浜～野島方面で珍しくサバガニが湧いたという情報があった。東京湾で湧いた情報は20年ぶり以上だろう。

話を聞くとサバガニが湧いた周辺では途端にクロダイが釣れなくなったようだ。クロダイがサバガニ以外のエサに見向きもしなくなったのだ。

来年は木更津付近に湧くことを期待しましょ。そのときはまたたくさん掬うぞ！

釣り人の間で「サバガニ」と呼ばれる伝説のエサだが標準和名はオヨギピンノという(写真提供＝2点とも工藤孝浩・神奈川水産試験場)

山下正明のヘチ釣り回想録④

銭湯の看板娘と出歯亀事件

色男が羨ましい

我々のホームグラウンドである木更津港は、沖仲仕の溜まり場で、漁師町の歴史が続いている。

堤防に強い南風が吹きよせると、対岸の新日鉄からの鉄粉が吹き寄せ、頭から足、鼻孔や耳の穴まで汗と混じってべったりと付着するため、我々も釣りのあとはひと風呂浴びてから帰宅するのが決まりだった。

港の近くにあったその銭湯とはすでになじみでタオルや洗面道具を預けていた。湯気の漂う中、近くの組の若衆が5、6人いつものように来ている。

龍、鳳凰、不動明王、般若、唐獅子牡丹、鯉の滝登り、虎に蛇……。美しい、綺麗、見ていて惚れ惚れする。といって、ジーっと見ているわけにはいかずチラ見を続けながら、そのそばで静かに静かにお湯が周りに飛ばないように気を付けていたのである。

木更津での釣りとこの銭湯で湯に浸かることはセットになっていた。釣りが終わればひと風呂浴びて、そのあとは近所で飯を食い、そのあとは帰るか、どこかに泊まるか。

その銭湯に、年の頃なら30半ばの小股の切れ上がったいい女の番台がいた。しかもなんと、そのいい女が我らの釣りクラブ員のひとりに惚れてしまったのだ。

そのクラブ員と連れ立ってこの銭湯に行くと、どういうわけだかソイツの風呂代を取らないのだ。もちろん、私も他のクラブ員も風呂代をきっちり取られているのにだ。

そのうえ、ソイツが行くと明らかにソワソワした様子になる。周りで見ていた仲間たちは「ここのひとり娘だっていうからお前が養子に入れ」などと勧めていたのだが、ソイツにその気はないようで、風呂場でも着替え場所でも常に股間を隠すようになったのには笑ってしまった。

その色男こそ、何を隠そう、この本を一緒に書いている当会副会長だ。

スケベ心でついつい

そんな感じで釣りのあとは楽しく風呂に入って、だいたいそのあとは一緒に飯を食って、泊まり組は宿へ——といっても雨風をやっとしのげるような所で、蚊がブンブンと飛び回り、クーラーもなく暑くて眠れるような部屋ではなかった。

その日も銭湯の話で盛り上がりながらビールを何本か空け、いつしか眠っていたが、2時頃にあまりの暑さと痒さに目を覚ましてしまった。

するとと隣の家からお湯を浴びるような音が聞こえてくる。眠たい目をこすりながら音のするほうへ。なんとその音は隣の住人が風呂に入っている音だったのだ。

忍び足で近づくと、ちょうど覗ける穴を見つけたので覗いてみると、女のようだ。風呂場の窓の曇りガラスの下に少し隙間があり、なんとなく想像しながら覗くが肝心の部分が見えない。

急いで部屋で寝ている酔っ払いを起こし、事情を伝えるとすぐに覗き穴に目をやった。

「女だ！」

「でも顔もオッパイも見えない！」

「あ、見えたぞ、毛が見えた！」

まだ半分酔っぱらっているようだが、確かに女が隣の家の風呂に入っていたのだ。夜中の2時に。

翌朝、船宿のおかあさんに「この部屋の隣の家には誰が住んでいるの？」と聞いたところ、「何言ってんの、2年前に事件があって、それ以来誰も住んでいませんよ」とのこと。

では、あれはいったい何だったのか！　我々は確かにこの目で見たのだが……。

のぞき穴の向こうに見えたのは……

今でこそアクアラインでひょいと行ける木更津だが、以前はまあまあ遠出だった。泊まりも多く銭湯はセットになっていた

郡雄太郎の海辺の事件簿④

秋田遠征 S君鍵紛失騒動

最高の3日間

２０１５年９月に東京からボクとS君、大阪からもふたり、計４人で毎年恒例の秋田港マダイ落とし込み釣り２泊３日の遠征釣行へ出掛けた。

同行のS君は仲間のことは何でもやる独特の雰囲気を持った好青年で30年来の付き合いの腐れ縁。最近、釣りに行く車中や釣りの最中に何かボソボソと言っているのでよく聞くとこれが独り言。歳を感じさせる。

そんなS君は今回が初の秋田遠征。まずはS君の車に乗り込んで羽田空港の駐車場に停めて、空路で秋田へひとっ飛びした。

初日は午後から通称ハナレのハナレへ渡堤。東京から持参のイガイ３日分を取り出し、今日の分を除く残りを網に入れてロープで縛り海水へ漬ける。いよいよ釣り開始だ。

開始早々にアタリあり、アワせるとかなり重量感のある引き！　S君に「おい！　来たぞ、デカイぞ！」と言うが、S君はまだイガイを網に入れている最中。こちらを見て、早く網に貝を入れて自分も釣りを……と思ったようだが、慌てているのか、かえってもたもたしている……。

左に右にと10ｍほど動きながらのやり取りの末に浮かすと70㎝近いマダイだった。

クロダイ用の45㎝枠の玉網では入りきらず、「S君の玉網も持って来てよ」と頼むと、予想どおりぶつぶつ独り言を言いながらも来てくれて、頭と尻尾の両方からタモ入れしようやく引き上げることに成功した。感謝。

最終日は17時発の羽田行きで帰京のため、釣りは６時～12時頃までの予定。S君も３日間でクロダイや40㎝級ながらマダイも数尾釣れて満足の釣行！と、ここまではよかったが、帰り支度を始めたときに騒動が起きたのだった。

灯台下暗し

釣り具をまとめたあとはいつも健康ランドに行って風呂に入って汗を流してから秋田の空港へ向かうのがパターン。今回も着替えやタオルを手に入浴準備を万端に済ませて待っていると、S君が先ほど片付けた荷物をまた出して、ぶつぶつと独り言。

「どうしたの？」

「……車の鍵がない」

「え、本当に!?」

「たしかベストのポケットに入れてたんだけど……ない」

「もう、よく探せよ～」

仕方なくみんなでベストやバッグをはじめ荷物全部を出して探してみるが出てこない。いったいどこへ落としたのか……？

朝寄ったコンビニに行ってみるがない。渡船屋に連絡して船を見に行ってもらったがない。

仕方なくS君が奥さんに電話して、我々が羽田に到着する時間にスペアキーを持って来てもらうことにして、ようやく健康ランドに向かう。

いつもなら余裕をもってゆっくり浸かれるのだが、今回はすっかり時間がなくなり、急いで入って急いで出ないと間に合わない。

健康ランドに着くとすぐに脱衣場に行って裸になった。お疲れのS君もTシャツを脱いで上半身裸に……。よく見ると首から何かぶら下がっている。しかしS君はTシャツを脱いでも気づかないようす。

「おい、それ何だ？」

「アッ、あった～!!」

まさに驚きの絶叫であった。

大事な鍵を落としたらといけないと思い、鍵にヒモを付けて首にかけていたことをすっかり忘れていたというトンマぶり。

ボクと大阪組でボコボコにしてから水風呂に放り込んでやったのは言うまでもないだろう。

山下会長もこんな大ダイをキャッチ。毎回楽しい遠征になったが、現在は残念ながら沖堤に渡れなくなってしまった

秋田遠征はクロダイも面白いけどやっぱりマダイが魅力だった。また行きたい

山下正明のヘチ釣り回想録⑤

1000尾に1尾

今に見ていろオレだって!

これは2004年に書いたコラムを再録したものだ。

昭和50年に落とし込み釣りを始めてから、これまでに約3000尾のクロダイを釣りあげてきた。釣果を綴った昔のノートを見ると、50㎝=2㎏が目標と書いている。

年間釣行50回。5月中旬から10月中旬までの約半年間、週2回のペースで木更津通い。何が何だかわからないまま、重いオモリをハリのチモトに打ち、底まで落として2、3秒待って上げてはまた落とす繰り返し。そんな釣りを、朝一番の船に乗り、最終便が迎えに来るまで、文字どおりひたすら落とし込んだのだ。

最終便に乗ると、オデコ組は船の前側に乗るのが常だった。魚を入れる水槽がある後部には、その日に釣果があった釣り人が誇らしげに座り、「カニエサで食ったよ」とか「下げに入ってすぐタナで食った。52㎝で2・2㎏もあるから腕が痛くて痛くて……」などと言うもんだから、こちらは何とも悔しいやら。さらに水槽のクロダイを見て、さらに衝撃が走る。デカい!

見なきゃよかった。夢に出てきそうなクロダイだ。今に見ていろオレだって絶対に釣ってやる!

ただ羨ましがっているだけではダメだ。悔しい思いが、今の自分を育ててきたのだ。そんな思いもあって、いつしか1日釣れば1尾のクロダイが釣れるようになってきた。

ある時、今は亡き黒友会の児玉会長から「山下君、竹岡のコンベアに行くけど一緒に行くかい?」と誘われた。会長に誘われて有頂天になった私は、釣行前夜に興奮して眠れなかったほど。

児玉会長は、私が知る限り、東京湾の落とし込み釣りの第一人者だった。釣りの技術はもちろんのこと、ダンスが趣味だったせいか堤防でクロダイを掛ける姿も優雅で、まるでクロダイとワルツを踊っているようにも見え、あっという間に魚を玉網に導いてしまうやり取りは実に見事だった。

児玉さんから教わったテクニックに、私なりの味付けをして、現在では私が講習会などで多くの若手にテクニックを教えている。

竹岡のコンベアは、山から砂を取るため、コンベアが海に向かって1㎞近くも突き出していた。その脚部にクロダイが付くのだ。

海面から5mほど上に足場があり、

脚部1本1本を落とし込んでいく。先端部は鉄のヤグラが組まれ、まるで漁礁のようだった。

このコラムの執筆から15年を経て手にした1000尾に1尾の勲章

夜明けとともに、このヤグラの先端部を児玉さんとともに釣り始めた。太陽が昇るにつれてアタリが出始めて、ふたりともよく釣れた。

夢の魚を木更津で

この日、私は落とし込み釣りを始めて3年目にして初の50cm＝2kgのクロダイを3尾も釣った。

しかし児玉さんからは「山下君、2kgのクロダイはホームグラウンドの木更津で釣らなくちゃダメだぞ。ここなら来れば誰だって釣れるんだからな」とキッツイひと言を頂戴した。でも、本当に楽しい1日だった。

会長の言葉どおり、木更津で50cmの大物が釣れるようになったのは、それから5年後のことだった。

さらに時は流れ、昭和62年10月には54・5cm＝2・95kgという木更津では記録となる魚を釣った。

さらに5年後の平成4年8月には55cm＝3・07kgという夢の3kgオーバーを手にし、平成9年9月には京浜運河で55・5cm＝3・4kgをキャッチ。

そこから7年後の平成16年4月には、横浜の鶴見川河口で58cm＝3・65kgの超特大をキャッチすることに成功した。

こう書くと連発しているようにも思えるが3000尾のクロダイを釣って、3kgオーバーはたったの3尾しかいないのだ。

数字上では1000尾に1尾。まさに夢の魚なのである。

木更津に渡ってコツコツと釣って釣って釣りまくってもほぼ出会うことはできないサイズ。だから追い求める

郡雄太郎の海辺の事件簿⑤

黒鯛神のサプライズウエディング

有名な黒鯛カップル

毎年パシフィコ横浜で開催される釣り博には山下会長とともにクレハブースにていろいろお手伝いをしている。

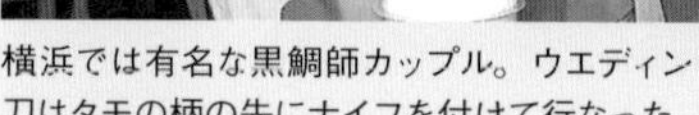

横浜では有名な黒鯛師カップル。ウエディングケーキ入刀はタモの柄の先にナイフを付けて行なった

2007年の2月のショーでも多くの仲間と楽しいひと時を過ごしていた。とそこへ黒鯛神のササキ君とユウコちゃんが来て「結婚することになりました。式は内々で挙げます」と報告があった。

このカップルは横浜では有名な黒鯛師カップルで、ユウコちゃんは大型クロダイを連発することで知られ、某メーカーのテスターもしていたほど。ササキ君もよく釣る腕利きとして横浜で一目置かれる存在だ。

ちなみに……こうした釣り好きのカップルは各地でたくさん知っているが、ほとんどの場合、女性のほうが釣りに秀でているという面白い結果が出ている気がする。ササキ君とユウコちゃんカップルは違うと思うけど、男性はM気質で女性はS気質なことと関係があるような気もしている……。

山下会長には1月には結婚の報告をしていたようで「仲間で何かしてあげようよ」と相談された。考えた挙句、遅くなった黒鯛神の新年会でサプライズウエディングを提案した。

毎年、忘年会と新年会を山下会長の営む『ふうふう亭』をお借りして開催しており、今年は新年会の席でふたりを仲間で祝福しようと考えたのだ。

もちろんふたりには絶対秘密。念のため近いメンバーも外して限られた数名でこっそり企画し、新郎に赤の礼服、新婦には山下会長の娘さんが仕立てたウエディングドレスを借り、ウエディングケーキもオーダー。花束・ブーケは山下会長の奥様が1Fで花屋さんを経営しているからお手の物。店内も手作りのテープ等で飾る予定にして準備万端で当日を迎えたが……ここで事件が起きる。

一番の思い出に

当日19時から開始予定が、黒鯛神新年会の前に少人数の飲食会の予約を17時頃から入れてしまい、19時前には終わる予定が終わらず、予定どおり開始できないでいたのだ。

お客さんがいるので飾り付けもできていない。そんな会場にササキ君とユウコちゃんに来られるとまずい！

かといって来てからの準備とはいかないため、当人のふたりと集まって来た約40名のメンバーを山下会長のもうひとつのお店である2Fショットバーに誘導。

その間に慌てて『ふうふう亭』で飾り付けをして、約1時間遅れで初めてふたりに打ち明けた。

ビックリしているふたりには強制的にその場で着替えてもらって会場に案内。会場へ入る前の地下階段から入口通路に会員たちが左右に並び片手でアーチを作り、片手で花びらを撒くなかを入場。ユウコちゃんは目を潤ませていた。

乾杯と同時に全員でクラッカーを鳴らして祝福！

メインテーブルでのウエディングケーキ入刀は5mのタモの柄の先にナイフを付けたもの。タモの柄が震えてなかなか入刀できず、各テーブルを周るキャンドルサービスも5mタモの柄にチャッカマンを付けての火付け。こちらもウエディングケーキ入刀と同様に震えてスムーズにはいかず爆笑の渦だった。

ようやく無事点火してワイワイ、ガヤガヤと大変楽しい、そしてボク自身も今まで招待された結婚式披露宴の中で一番感激した思い入れ深い披露宴になった。

気の合った釣り仲間と皆で祝福してあげられて本当によかったと思う。

そして締めのスピーチで、山下会長が「こんなに素晴らしい仲間はいないよ！皆に感謝！」と絶賛していたのも忘れられない。

黒鯛神の新年会のつもりで来たのに新郎には赤の礼服、新婦には山下会長の娘さんが仕立てたウエディングドレスを着せ、花束・ブーケは山下会長の奥様が用意した

こうしてサプライズウエディングパーティーは爆笑と涙に包まれて大いに盛り上がった！

山下正明のヘチ釣り回想録⑥

博多・脱腸事件

ひとりだけ汗が止まらない

古い話だ。それは九州に遠征するため東京の羽田空港を発つときには始まっていた。

今シーズンもいよいよ始まり、5月の連休あたりからは東京湾でも落とし込み釣りシーズンに入った。ホームの木更津沖堤も浅場のほうからポツポツと釣れ始めている。

そして迎えた6月上旬。福岡県の博多湾でAMA波止フカセ研究会の主催による大会があり、これには毎年参加するようにしている。

今年の夏も暑くなると気象庁の発表があった。黒友会メンバー6人はANAの航空チケットを事前に受け取り、大会前日の早朝に羽田空港で待ち合わせた。

搭乗口に向かい、「今日も暑いね」なんて言いながら席に着くも、額から汗が止まらない。メンバーのみんなに「いや今日は暑いな～」と言うが、誰も同調しない。

「汗かいてるの会長だけだよ。機内放送でも今日の東京の気温は20℃、博多も21℃って言ってたよ」

なんて言われる始末。たしかに隣の席の女性は寒いらしく膝掛けの毛布を借りている。なのに自分だけどうして汗が……？

飛行機が博多に向かって動き出す。離陸してシートベルトを外した。そのとき、腹に違和感を覚えた。ヘソの右下に手をやると、ボコっと腫れあがっているではないか。

一瞬にして顔面蒼白。汗がスーッと引いていくのがわかった。そのことをメンバーに伝えるが、飛行機の中ではどうすることもできない。福岡までの飛行時間が長いこと長いこと。

福岡空港に着くやいなや、福岡にいる釣り仲間の泌尿器科の先生に連絡。この先生は大変手練れの名医であるが、自分の誕生日やクリスマスやイベントの日は派手な被り物を被ったりして記念撮影するユニークでお茶目な方で、私は大好きである。しかし電話口の向こうで先生はこう言った。

「山下さん、多分その症状は脱腸だよ。オレのところでは手術できないから博

博多湾の沖堤は福岡空港や博多駅からものすごく近いのでとっても便利な釣り場。それにしてもあんなに次々にヒットするのも珍しい

多の知り合いの病院に連絡を入れておくからすぐに行ってください」

その足で言われた病院へ直行する。腹はさらに成長して大きくなっている。到着するとすぐに診てくれて、図に書いて説明してくれた。

手術をすれば2日間は入院が必要ということ。ここで手術をしてもいいし東京に戻ってからでもいい。今日一日くらいは大丈夫だと思うけど、もし何かあればこの病院は24時間やっているから死ぬようなことはないとのことでそのまま病院を出て予約をしていたホテルへ。

さて、どうするか。しばし考えてみたが、答えはひとつ。午前中は釣りである。

こんな時に限ってヒット連発

さっそく支度をして渡船に乗り込み堤防へ。右手にサオ、左手で患部を押さえながら釣り始める。

こんなときに限ってなんですぐに食ってくるのか。押さえていた左手を離すと「ボコボコッ」という音がする。自分の釣っている姿を想像すると笑わずにはいられない。無様な姿で魚を釣りあげ、また仕掛けを落とす。また食ってくる。そのたびに患部が痛い。なんで食ってくるのか。クロダイの恨みだろうか。

昼までもたずホテルへ避難すると、帰りのチケットを取り直し東京に。もちろん翌日の大会には参加できなくなった。

上田会長にそのことを伝えると、「残念だけど仕方がない。また来年ぜひご参加ください。東京に帰ったらすぐに病院に行ってください。無理をしちゃダメだよ。こんなに腫れて治りが遅くなるよ」とお叱りを受ける。

入院2日。術後の患部が痛いが早く釣りがしたい。

それにしても、あの日の博多のクロダイはなんであんなに釣れたんだろう。クロダイが同情してくれたのか。それとも――？

AMA会長で博多湾のメイタを守る会長の上田敬さん（後列真ん中）とは本当に長い付き合いで今でも九州遠征ではお世話になりっぱなしだ。大阪茅匠会相談役の中武幸司さん（写真左）も郡と親交が深い。スライダー釣法のエキスパートとして知られる

郡雄太郎の海辺の事件簿⑥

恐怖のち感謝

今でも語り草の第一回例会

神奈川県の久里浜堤防で初めて釣りをしたのは1991年3月。まさにこの年に発会したばかりの『東京湾黒鯛研究会』の初回例会だ。

東京湾黒鯛研究会とは、東京湾の各堤防から2～3名の猛者を選出し、東京湾のクロダイ落とし込み釣りを盛り上げ、普及に務めていこうという趣旨で前年に木更津をホームとしている当会にも連絡あり、まずは集まって発会し、翌年3月に初例会となった。

しかし当日は、前日からの悪天候でウネリが高くかなり危険な状況。堤防に行ってみて危ないようなら中止ということで黒友会から山下会長とボク、T君、M君の4名で参加。

船に乗り沖に向かうと堤防が見えたが、思いのほか堤防は低くアウトコースからインコースにナイアガラの滝のように波が被っていてとても釣りは無理の状況……のはずが、ボクを除く25人ほどの参加者全員から「やれるな」「よしやろう」の声。心の中で「ゲッ！嘘だろ!?」と叫んだが声には漏らさず。

コンプライアンスがうるさくなった現在ではとても考えられないが、船頭も「気を付けろよ。風呂は沸かしておくから」と言っている。それを聞いたボクは本気なのかジョークなのか判断がつかないまま着岸態勢に……。

こうなったらモジモジして根性なしと思われるのも癪なので2番手で飛び降りるとすぐに釣りを開始した。

すると山下会長が開始早々に1尾をキャッチして上々の滑り出し。ボクも負けてはいられない。学生時代からの趣味であるサーフィンの波待ちと同じで、一定の間隔のウネリとたまに一定間隔外のウネリがあることを理解して、波に注意しながら落とし込んでいると浅ダナでヒット。かなりの引きだったがやり取りの末に魚を浮かせたがタモ入れ寸前でバラシ。

5分後、横にいたT君も掛けるがハリス切れでバラシ。仕掛けを作り直しているときにウネリが来て足をさらわれ、あっという間に落水！　慌てて近づきタモの柄を伸ばして3人がかりで引き寄せ何とか引き上げる。

さらに10m先では某会副会長も同時に落水していた。その30分後、ウネリを直視してなかった某会親子が落水し流される。タモの柄を伸ばしたが届かずどうするか考えていると、見周りに来た渡船がふたりを沖で救助。先に落水していたT君と某会副会長も乗せて渡船は船宿へ。それからさらにひとりが落水し計5人が海の中に落ちたのだった。

まさかの新記録

やがて潮も低くなり堤防超えのウネリも少なくなり、ボクもようやく40㎝をキャッチ。すぐに山下会長が同サイズを追加した。

しかし、ここで油断してしまったのか、山下会長は玉網から出した魚をストリンガーにかけるとき、海に背中を向けてしまった。そこへウネリが来た。どうにか落水は免れたがサオが流され海へ落ちる。結局、回収はできず、その後2時間は釣りをせず終了。

ところが、帰船が離岸するときに山下会長のサオを沖で発見。拾うとリールからイトが全部出ている。皆にバレないようにばつが悪そうに必死でイトを巻いていた山下会長の顔が今でも忘れられない（笑）。

この日感心したことがふたつあった。ひとつは落水した5名が全員落水したにもかかわらずサオを離さず救助されていること。特に堤防に引き上げた3名は手の平がズタズタの切り傷なのに……釣り人のサガだろうか？

もうひとつは渡船屋の船頭だ。陸に上がったときのひと言が凄かった。

「今日は1人か2人は落ちるかなぁと思ってカカァに風呂沸かしておけと言ったけどまさか5人も落ちるとはなあ。新記録だぁ（笑）」

先に船宿に届けられたK君に聞くと、風呂に入っている間に下着も服もすぐ洗濯して乾燥機にかけてくれ、乾くまでの間にも温かい味噌汁やお茶を出してくれたとのこと。ありがとうございました！さすが古株船長！

清々しい気分で家路についたことをよく覚えている。

このウネリでも「よしやろう」の声が上がるのだ。心の中で「ゲッ！嘘だろ!?」と叫んだが声には漏らさず……

いろいろな物や人が流れるのを見ながらなんとか40㎝をタモ入れに成功

山下正明のヘチ釣り回想録⑦

岸和田の思い出

大阪人情

もう40年ほど前、ある釣り雑誌から大阪でのクロダイ釣りの企画が持ち込まれた。関東流の落とし込み釣りが東京湾以外で通用するのかがテーマであった。

私は西のクロダイ釣法や、そもそもどんなフィールドなのかに興味があったのでその企画に協力した。

ここではクロダイ釣法の解説はもとより地域のクロダイ師の気質などについて感じたことを書いてみたい。

大阪湾の埋立地はスリットケーソンが多く見られる。この地方は昔から台風の通り道のためテトラの積み上げケーソンでは崩れることが多く、再建も難しいことから、新しい工法として取り入れられていた。

消波の有効性と同時に漁礁の役割も果たしていることから、岸和田堤防は関西空港建設計画に先駆けて建設され、全国的に見てもスリットケーソンの先駆けであった。後半に造られた北港とは異なりマスの上部をコンクリートで固め、網状のマンホールで蓋がされていた。

大阪湾では目印によるクロダイ釣りが主流だったが、関東流を試してみるとタナの深さを幅広く探ることができ、もともと魚影も濃かったため満足のいく釣りができた。

一文字の根元に移動すると関東風の堤防になり、向かいから一団がこちらに来た。硬いサオの中ほどから仕掛けを下ろし、せっせと壁際をシャクっている。大阪粉物文化に欠かせないタコを釣る集団で、ほとんどがタコ焼き屋のおっちゃんだと聞いてびっくり。

同じ場所に仕掛けを落とすわけにもいかず、この日は早上がりしてお風呂屋さんでお泊まりする予定だったが、帰りの船で船頭さんと意気投合。船舶でいろいろ話し込むと、海の資源保護のため冬場は何年も漁礁作りのためカジメを移植した岩を撒いてここまできたとのこと。

さらに東京からよく来てくれたと自宅に泊めていただき歓待してくれたのだった。

最後までドタバタ

その釣行の帰り、新大阪から新幹線に乗ったところまではよかったが、同行した釣友が飲み物を買ってくるとホームの売店に向かった。

ややあって発車のベルがホームに鳴り響いたがそいつが来ない。慌てて車

関西遠征はそれからずっと続けているが、始まりはこの岸和田の海だった

両の出口まで行ってホームを見渡すが姿はない。

どうしよう。と思う間もなくプシューとドアが閉まり、新幹線がゆるゆると走り出した。後方車両から乗って車内を歩いているのかとも思ったが、ホームをチラと見ると、慌てたようすでホームを駆ける姿を見た。

携帯電話などなかった時代。もう連絡を取り合うこともできない。しばしの別れのあと、次の新幹線に飛び乗った釣友と東京駅で落ち合った。

なぜか次発の新幹線の時刻と勘違いしていたとのこと。遠征っていろいろあるね。

この40年前の邂逅以来、大阪勢とはよき仲間、よきライバルとして現在までとてもいい関係を築いており、私自身、今も毎年必ず関西に遠征を続けている。

大阪湾の落とし込みといえば目印釣法。この頃は全国規模の大会も始まって日本各地のご当地釣法が入り乱れていたが、一貫して東京湾流を貫いた。そして大阪勢とは今もよきライバルである

郡雄太郎の海辺の事件簿⑦

釘師Kさん

ピカピカの革靴

我々がいつも利用している木更津の渡船屋さんの横にパチンコ屋がオープンしたときのこと。木更津での釣りは潮回りにもよるが、5～10時頃まで釣りをして昼飯を食べに一度港まで上がり、14時頃～19時まで2回戦の釣りパターンが多かった。

その日もご飯を食べて13時頃に渡船の受け付けをしに行くと、黒の礼服、白いYシャツにネクタイを締めた長身でホッソリした人が座り込んで店主とお茶を飲みながら雑談していた。そばを通ると「兄ちゃん、何が釣れるんだい？」と馴れ馴れしく話し掛けてきた。

なんだこの親父は……？　そう思いながら「クロダイだよ」と答えると「クロダイ!?　本当か？　オレも釣りが好きで昔はよくやったけどクロダイは釣ったことないよ。でもそう簡単には釣れないだろ？　釣れても年に1～2ヒキだろ？」と挑戦的な言葉と態度にカチンと来て「サオとリール買ってリールにミチイトを巻いて来れば教えてやるよ」と捨て台詞を吐いて堤防へ。

すると16時便に黒の礼服、白のYシャツにネクタイ、おまけにピカピカの革靴という目を疑うスタイルで登場し、「道具買って来たから教えろ」と来やがった（笑）。道具を見ると、なんとキス投げザオにスピニングリール！

釣具屋の店員に「クロダイが釣れる丈夫なサオとリールくれ」と言って出された物を買って来たとのこと。

これでは釣りにならないのでボクの予備ザオとリールを貸し、ツブを付け釣り方を教えた。

どうせ釣れやしないんだから、B堤のC堤寄りで「コバから離れず釣れ」と言って離れた。放っておけばひとりでやってるだろと思い釣り開始。30mくらい離れた辺りで振り向くと、奴が前かがみになり左右にドタバタ動いている。「まさか！」と思って駆け寄って声をかけようとしたとき、イトも出さず強引にゴリ巻きしたのでフックアウト。まさか掛けるとは思わなかったので掛けてからのやりとりまでは教えていなかった。

本人は凄い引きだったのでイトを出

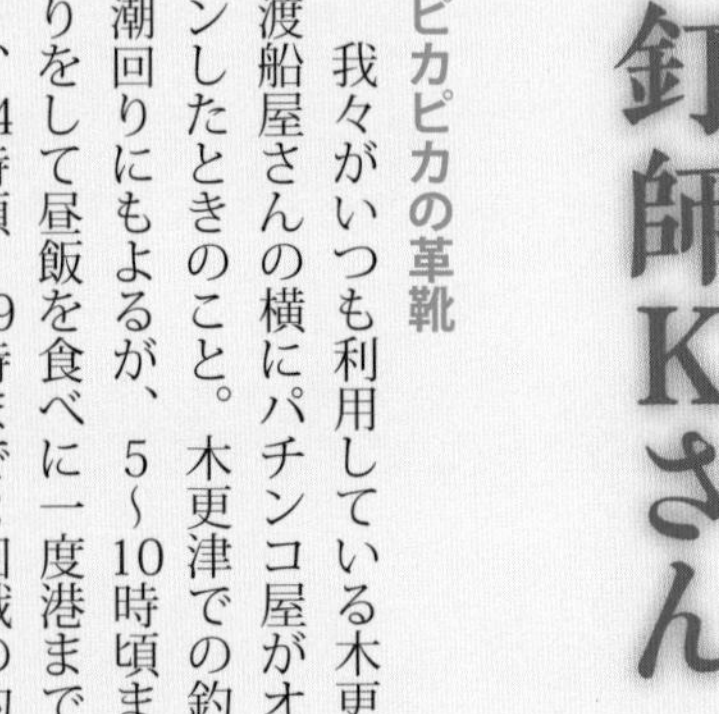

今でも時々、ピカピカの革靴姿のKさんがひょっこり堤防にいそうな気になる

してはダメと思いリールを両手で抑えたという。そしてバラしたことを悔しがり、掛けたことには感激し、興奮気味に「これから先生と呼びます！」だって（笑）。

夢のような1年半

そんなKさん、それからは毎日渡船屋に顔を出し「今日は先生来てないのか？」と言っていると店主から連絡があった。そして、行く前の日に連絡すると必ず夕方に相変わらず黒の礼服、白Yシャツにネクタイ、ピカピカの革靴スタイルで堤防に現われ、ボクと同じ堤防に降り、その堤防のコバから動かなかった。

ある日、山下会長との釣行時にいつもどおりKさんが来たので「うちのクラブの会長の山下さん、僕の先生だから」と紹介したら、山下会長のいる前で「先生の先生かも知れないけどオレの先生はアンタひとりだ」と。これには山下会長も苦笑いしていた。

Kさんはその年4～5尾のクロダイを釣りとても満足していた。

あとで知人に聞いたらKさんの本職は釘師で、しかも国内でも3本の指に入る有名な釘師で、新店舗のほか経営が傾いた店から立て直しに呼ばれる「伝説の釘師」だと教わりビックリ。

Kさんからは、使うはずもないのに上下にパチンコ玉が付いた釘調整用の道具とか珍しいものを無理を言ってもらった。

Kさんが木更津に滞在していた期間は夢のような日々だった（笑）

2年目からは釣り以外のプライベートでも付き合うようになり、ある日家に電話あり「先生、いい物あるから持ってくよ」と言うので待っていると、額縁に入った旧日本紙幣・貨幣とその筋の事務所にあるような額縁入りの大判・小判の貨幣と聖徳太子一万円札10枚、板垣退助１００円札の束を持ってきた。「こんなの飾る場所ないからいらないよ！」と拒否するも、聖徳太子一万円札10枚と板垣退助１００円札束は無理やり置いて行った。とにかく不思議で変わった人だったなぁ！

Kさんは3年間ぐらい木更津にいた。1年目の8月だったか「ボクを釣りの先生と言うなら先生に出るパチンコ台を教えろ！」と冗談っぽく言った……結果、その後は木更津に行くたびに山下会長と釣りを9時便で上がりパチンコ屋が開店する10時前に並んで14時頃までパチンコ！

勝ち負けは想像にまかせるが、帰りの夕食は焼肉厚切りタン、上ロース、上カルビなど代金を気にせず食べ放題だった気がする（笑）。

山下正明のヘチ釣り回想録⑧

夢は60㎝

全部試してみた

　落とし込み釣りを始めて47年目のシーズンを迎える。始めた当時、この魚をどう釣っていいのか全くわからないままスタート。たまたまテレビで木更津のクロダイの夜釣りを放映していたので、手持ちの道具を持参して木更津へ。船宿では、クロダイが釣れるシーズンは5月の連休あたりから10月中旬までで水温が低くなると深場に落ちていくので堤防周りでは釣れなくなると教わった。8月と9月はよく釣れるから入門に最適とも。

目指すは夢の60㎝！

　釣り方は重いオモリをハリのチモトに打ってカニエサを付け、底を中心に釣り歩くという。周りにお手本とする人もいなかったので、自己流で釣り歩いていたが、一人前に釣れるようになるには5年もの歳月が流れた。

　木更津では底釣りが主体だったが、黒友会前会長の児玉さんから竹岡コンベアに連れて行ってもらい、ここから釣りが飛躍的に進歩した。

　この竹岡コンベアの釣りこそが私の釣りの原点かもしれない。タナでの釣り、脚部の柱にエサを止め待つ釣り、エサを落としながら止めてはまた落とすキザミの釣り、細ハリス太ハリス、ハリの大小、どこにオモリを打つか、などなど。

　何かを試したいとき、こんな仕掛けを思いついたとき、このハリはどうか、このエサは効くのか、どんな装餌法がいいのか、ハリを大きくしても食うのか、唇か口の中か、太いハリスは食わないのか、細いハリスのほうが本当に食うのか。

　これらのことを試したいときには絶対に荒食いしているときに行く。陸からは行けない場所にボートで近づいて試すのもよい結果が出た。

　釣れないときには何をしたってよく釣れるようにはならない。あれこれ替えたところで何かが分かるほどの結果が出ることはない。

あと2㎝で叶う夢

　落とし込み釣り歴47年で、記録に残るクロダイは本当に少ない。

年無し、53㎝程度や2㎏からのクロダイはたくさん釣ってきたが、55㎝以上のクロダイとなると、なかなか釣ることができない。

一昨年、郡副会長と九州遠征をして、佐伯の石間浦で57㎝で3・5㎏というデカいクロダイを釣りあげた。平成16年4月の58㎝に次ぐ2番目に大きい魚だ。これ以上のクロダイを釣ることはもうないかもしれない。

しかし、私にあと2㎝の伸びしろをあえて残してくれたような気がしないでもない。

これからも夢の60㎝を追いかけていきたい。

ちなみに釣り人の夢である3㎏以上のクロダイを記録として残すなら、そのクロダイがどこで釣れたか、何月に釣れたか、渡船のある誰にも公平にチャンスのある場所であるかも関係してくると思う。

1～5月までのクロダイは抱卵しているため落とし込み釣りでは参考記録。抱卵しているクロダイは腹に500～800gの卵が入っているためだ。その重さを差し引いた重さが従来の重さになる。

やはりこの釣りでは6月以降の産卵を終えた本来の姿のクロダイを釣りたい。6～12月に釣りあげたクロダイこそ最高に価値ある1尾になる。

10数年ぶりの「1000尾に1尾！」

郡雄太郎の海辺の事件簿⑧

もっと広げよう クロダイの輪！

黒鯛神

全国各地に遠征する機会は多いが、渡船の有無、有望ポイント、エサ確保等々の情報が不足しているため現地でバタバタすることも多かった。それでも行った先々で友人ができ、連絡先を交換して親交を深めてきた。そして２００３年に、全国各地の落とし込み釣り仲間を集めた組織作りをしたいという山下会長の発案に賛同したメンバーで結成したのが『黒鯛神』だ。

「落とし込み釣りを愛する仲間と自由に楽しく」と「釣れて楽しく、釣れなくても楽しく」がモットーで、入会条件に所属クラブの有無・釣りの上手下手・釣り歴は関係ない。クロダイ釣りに情熱があることが条件で、会員同士の親睦・交流のみならず、落とし込み釣りの普及やマナー向上の啓蒙、次世代の育成を目的に活動を始めた。

まずは東京湾の釣り仲間を集めて年会費等無料で設立。本部を東京黒鯛神とし、各県に支部長を置き、例会・大会など独自で活動を開始した。黒鯛神ワッペンを付けた者同士に仲間意識が生まれ、現地で声を掛け合うなど、あっと言う間に一体感が生まれた。

毎年7月には大阪で黒友会主催の『全国黒鯛落とし込み釣りクラブ対抗選手権大会』を開催しているが、その翌日に『ＡＬＬ黒鯛神大会』を開催。伊藤副会長が中心になって全国の黒鯛神仲間を集めて親睦を深めている。

年々会員が増えており、２０１９年には全国25都府県に支部が組織され４７０名もの黒鯛神メンバーが参加する巨大コミュニティーとなった。

全国黒鯛落とし込み釣り クラブ対抗選手権大会

神奈川県川崎と千葉県木更津を海底トンネルで結ぶという夢の東京湾横断アクアライン構想が動き出した。木更津沖堤をホームとしているクラブとして活性化の一助になればと木更津市観光協会と協力して『東京湾アクアライン開通記念黒鯛落とし込み釣り大会』を企画。１９９１年に第1回大会を開催し、１９９７年の開通までに計７回の大会を行なった。

翌年には、こうした大会を全国規模で開こうと山下会長が発案し企画を任され大阪での開催を検討。１９９９年に大阪北港で4クラブ（大阪から落南会・北友会、東京から黒友会・黒鯛神）が集まり、計52名で開催した。

その後は『全国黒鯛落とし込み釣り

クロダイの落とし込み釣りが好きな人たちが集まったクラブと交流したい、腕を競い合いたい、つながりたい。その思いは変わらない

クラブ対抗選手権大会』と名を変え、２０１９年の21回大会には全国から29のクラブ、２６７名が集まるまでに成長した。大会終了後の親睦パーティーも好評で、何回目の大会だったか台風直撃でやむなく開催中止を各クラブに連絡したところ、みんな年に1度の大会を楽しみにしていたので懇親パーティーだけはやってほしいとお願いされ、大会は中止ながら全国から１６０名が集まり大いに盛り上がった。いつのまにかこの大会が「落とし込み甲子園」と呼ばれだしたことは予想外の嬉しい出来事だった。

東日本大震災のときはパーティー会場に各自が釣り具を持ち寄り、オークションで集めた募金を宮城県のメンバーに寄付をするなど、釣り以外での絆も深めている。

東京湾落とし込みバトル大会

２０１２年に「博多湾チヌ釣りラブメイタ大会」に参加して幸運にも準優勝した。その大会には「短竿釣り師の独り言」というサイトを運営する久永君も参加しており、後日、ボクの準優勝と大会内容を載せてくれていた。お礼コメントを書き込んだことが縁で山下会長の店「ふうふう亭」で飲んだとき、「東京湾の釣り人は大会に飢えている」という話になった。

山下会長とボクの夢は、将来的に東京湾各堤防で予選大会を開催し、10月頃に各予選の優勝者でその年の東京湾ナンバーワン決定戦を開催し、優勝者には翌年の東京湾予選の全堤防の渡船を無料にするなどして盛り上げることだと話すと、久永君が大乗り気で「ぜひやりましょう！」となったが、諸問題が山積みで時期尚早となった。

シーズンを通じての予選大会は無理でも、各クラブの垣根を越えた単一大会なら、という方向でトントン拍子に進み、各堤防から21人が名乗り出て大会委員となり、２０１３年７月に木更津沖堤で第1回大会を開催した。

驚くことに、定員１００名の枠は受け付け開始の当日に埋まり、最終的には翌日までの１２７名で締め切った。

第2回大会からは福岡・兵庫・大阪・福島・新潟・山形・宮城県各地からの参加者も増えて予想外の大会になってきた。

いずれも２０２０年はコロナ禍で開催を自粛したが、収束すれば毎年開催していきたい。

『全国黒鯛落とし込みクラブ対抗選手権大会』は終了後の親睦パーティーも好評でクラブや人の交流が生まれている

神奈川県
川崎新堤

渡船＝長八（☎ 044-266-3128）

もはや名実ともに東京湾一の落とし込みフィールド

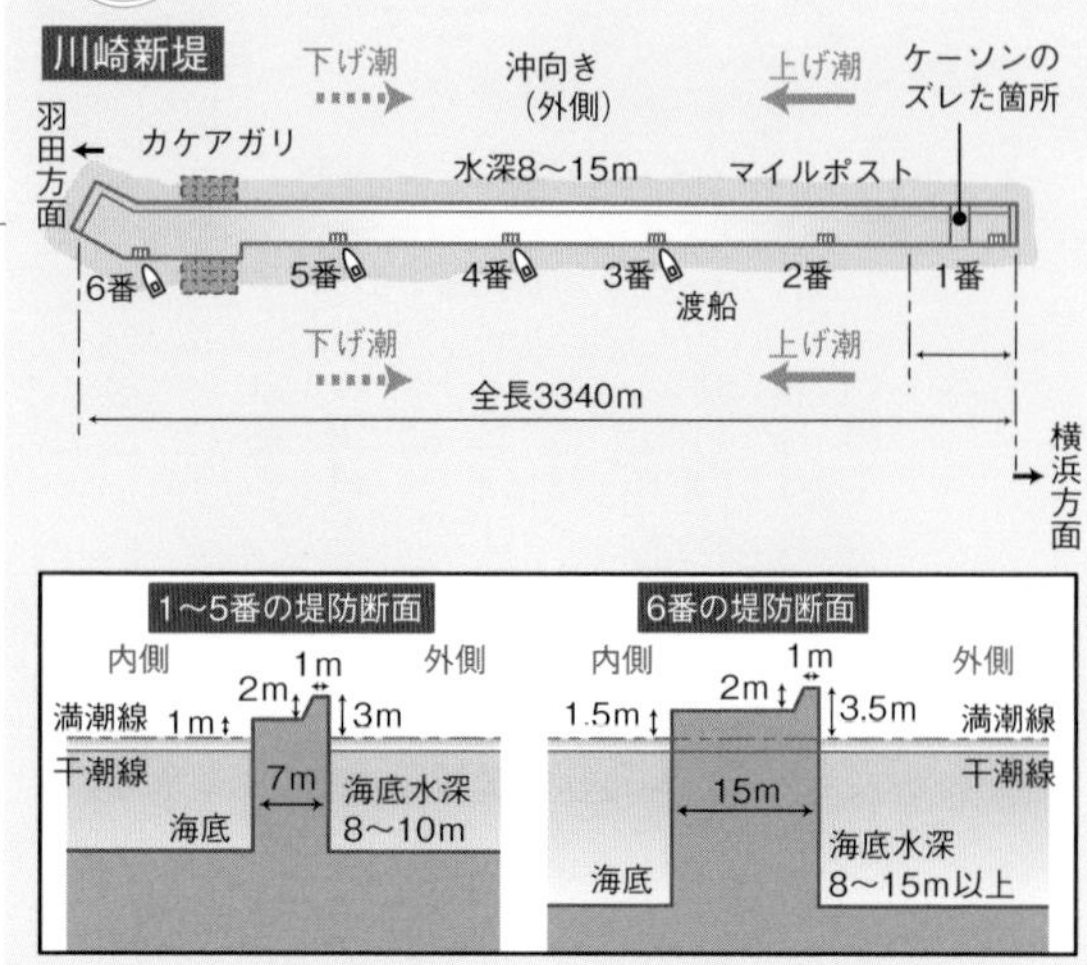

山下「ここはもちろん大昔から通っている釣り場なんだけど、ここ数年は全く別の釣り場に生まれ変わった印象。2020年の夏は長いことこの釣りをしてきた中でも経験したことがないようなすさまじい釣れっぷりだった。

もちろんいつ行っても釣れるわけではない。50尾釣れた翌週は1尾なんてこともあるし、冬から春でも多いと5尾くらい釣れるのにも驚かされる。地方の方も盛期の川崎で一度釣りをすることをおすすめしたい」

郡「ここは若いときにひとりで通った思い出深い堤防。全長が3㎞以上もある探りがいのある堤防で朝イチから南風が吹けばアウトコースは風がぶつかり大釣りのチャンス。台風で多摩川からの濁りが入ればインもアウトも激アツ。

とにかくここ数年はイガイの着きがよく、クロダイが本当に多かった。かつて夢想してきたクロダイ釣り場が実際に登場した感じ。冬から春はパイプ虫の威力も体感できる。川崎のほか横浜からの渡船もあるので便利だ」

とにかく長大な釣り場でインコースもアウトコースも釣り場になるので大人数で渡っても混雑することはほとんどない

川崎の長八の乗船場には無料の駐車スペースがあり大変便利。ただし便数は少なく途中で帰ることはできないので水分や食料の準備は万端に

千葉県
五井防波堤

渡船＝守山丸（☎ 043-312-2640）

青灯と赤灯、どちらに渡るか。それが大事になってくる

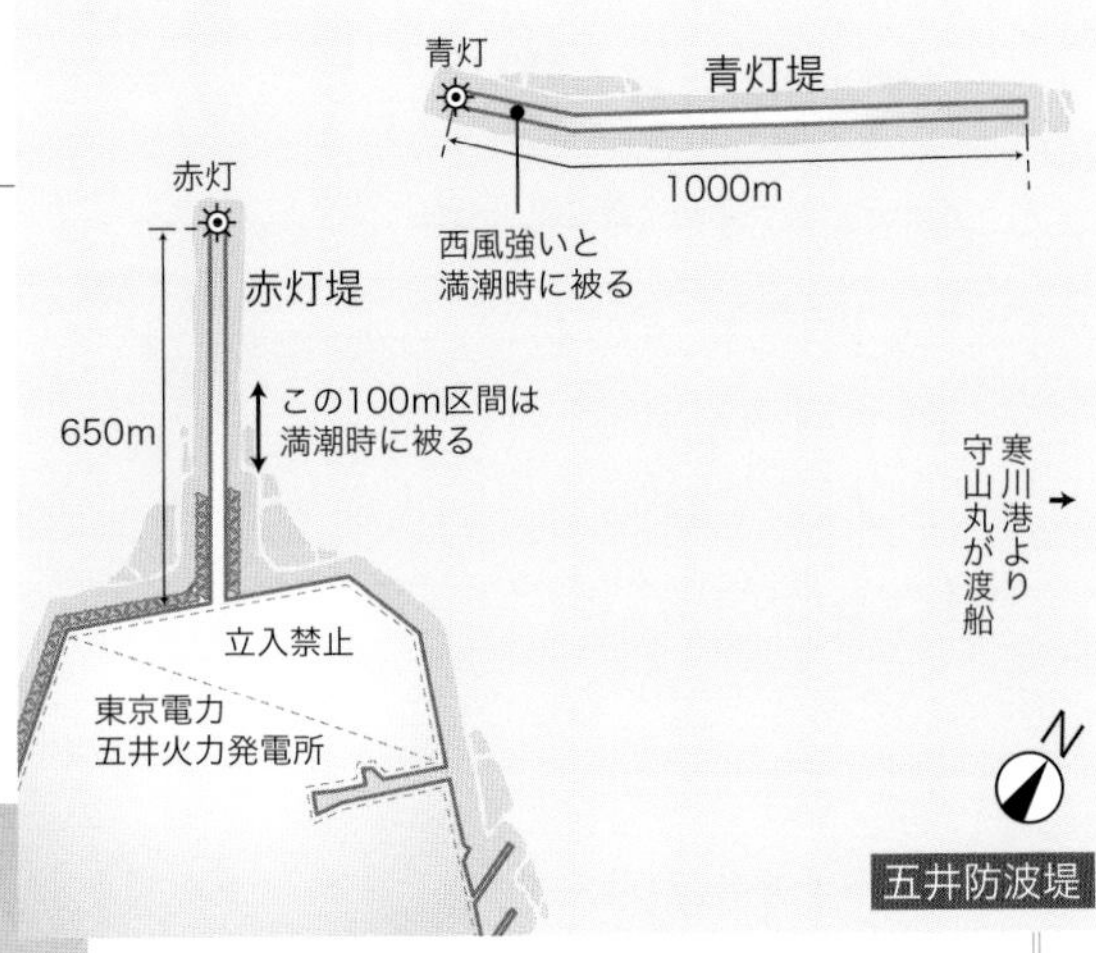

人気が高いのは離岸堤の青灯。左に見える赤灯は浅い地続きの堤防だが、青灯が不発のときに大釣りすることも

山下「ここは木更津沖堤に行く途中にあって距離的にも近いんだけど、オレは最近まであまり行ったことがなかった。ところが川崎新堤と同じで、ここ数年はイガイの着きが非常によかったこともあって素晴らしい釣果が上がっていて足しげく通うようになった。

足場も低いから関東流の短ザオで釣りやすくタナでバンバン当たる。川崎の調子が落ちると五井が調子を上げるのでどちらかが釣れている印象。午前便と午後便があるのもいい」

郡「水深のある離岸堤の青灯と、比較的浅い地続きの赤灯があり、両方ともいい釣り場だが、両方とも釣れることは少なく、たいていどちらかが釣れる傾向にある。そのため渡る際には前日までの釣果情報を吟味して選ぶこと。

昨シーズンは10～30尾という大釣りを何度も楽しめた。釣れだすと平日でも大勢が駆け付ける。渡船は予約制なので事前に連絡しておくこと。現地でのエサの採取は禁止されているので厳守のこと」

寒川港から出船。現地でのエサの採取は禁止されているが6月以降は100円を支払うとイガイをひと掴み分が貰えるシステムがある。隣接するアリオ蘇我は大きな商業施設で日帰り温泉もある

大阪府
大阪北港

渡船＝たまや渡船（☎ 090-3286-3165）

四半世紀以上通ってもワクワクが止まらない！

関東勢にとってスリットもマスも全く馴染みがないからただ釣りをするだけで新鮮！

郡「関電赤灯は直立堤防だけど、夢洲埋立地は関東エリアにはないスリット堤のため非常に変化に富んで面白い。アウトからスリットへの出し入れ、マスの中の内壁、奥壁、底穴などなど釣れるポイントが本当に多い。

今でも大会とは別にプライベートでもよく行っている。ボクは5月、お盆、9月の連休なんかを利用して最低でも年に2回は行ってる。落とし込み釣りの聖地的存在で数も型も雰囲気も最高。大阪の釣り人が羨ましい」

山下「北港はすべてが漁礁という感じで、どこに落としてもワクワクドキドキというイメージ。それは最初に行ったときから今も変わらない。スリットの中で掛けた魚はフロックでは獲れない気がするよ。

以前は北港でクラブ対抗選手権の大会をやっていて今もオール黒鯛神の大会をやっているけど、半日で100尾以上釣れるんだからポテンシャルが高い。大阪の黒鯛師はこんな釣り場が近くにあって本当に幸せだと思う」

止めるか切られるかというギリギリの勝負。「フロックはない」という会長の言葉には納得だ

大阪府
大阪南港

渡船＝夢フィッシング（☎090-1079-6837）

全国の
黒鯛師が
憧れる
甲子園の舞台！

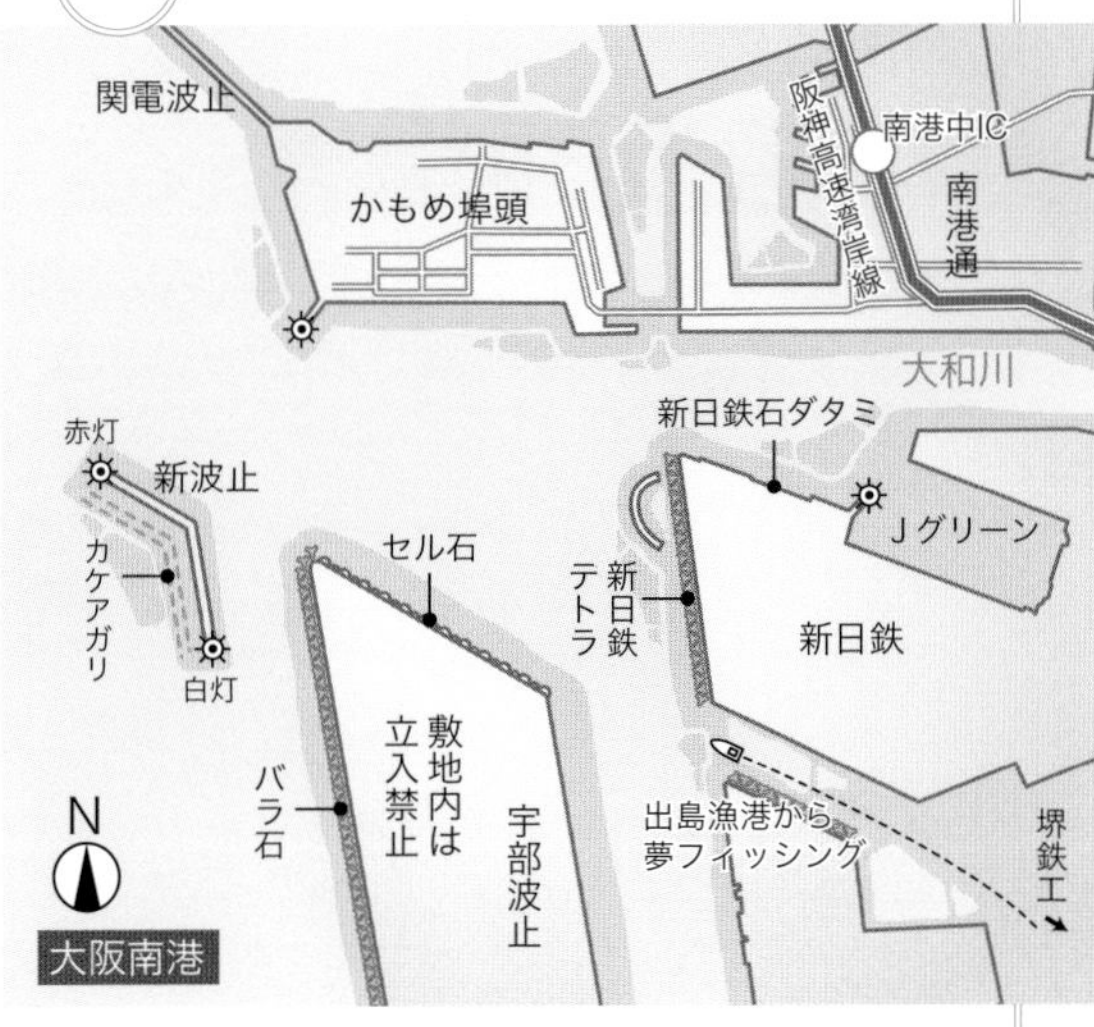

何年通ってもまるで飽きることがない。それどころかもっともっと行きたくなる

山下「数年前から全国黒鯛落とし込み釣りクラブ対抗選手権大会の舞台が北港から南港に移っているわけだけど、やっぱり北港同様に腕の差がもろに出る釣り場だよね。特にスリットの中で掛けた場合、いくらハリスを太くしたところで擦れたら切れる。そんなギリギリのやり取りが面白い。

まさに、いま行きたいし、また行きたい釣り場。渡船システムも整っているし東日本の釣り人ももっと気軽に遊びに行くといいよね」

郡「新波止スリット堤、セル石、宇部波止、バラ石と魅力のある釣り場が目白押し。大和川からの濁りが入ると内側の直立ケーソンでも爆釣がある。全国黒鯛落とし込み釣りクラブ対抗選手権でも一番人気があり、130名くらい降りて毎年100尾を超える釣果がある。

細かなことは地元の釣り人のほうが詳しいので解説は省いて、とにかくワクワクする釣り場が多いので、まとまった休みが取れればすぐにでも行きたくなるよね～」

スリット攻略ができれば数は伸びるし、できなければ切られまくって終わりだ

福島県
小名浜沖堤

渡船＝共栄丸（☎ 0246-54-8545）

短ザオのヘチ釣りでクロダイ、マダイがねらえる！

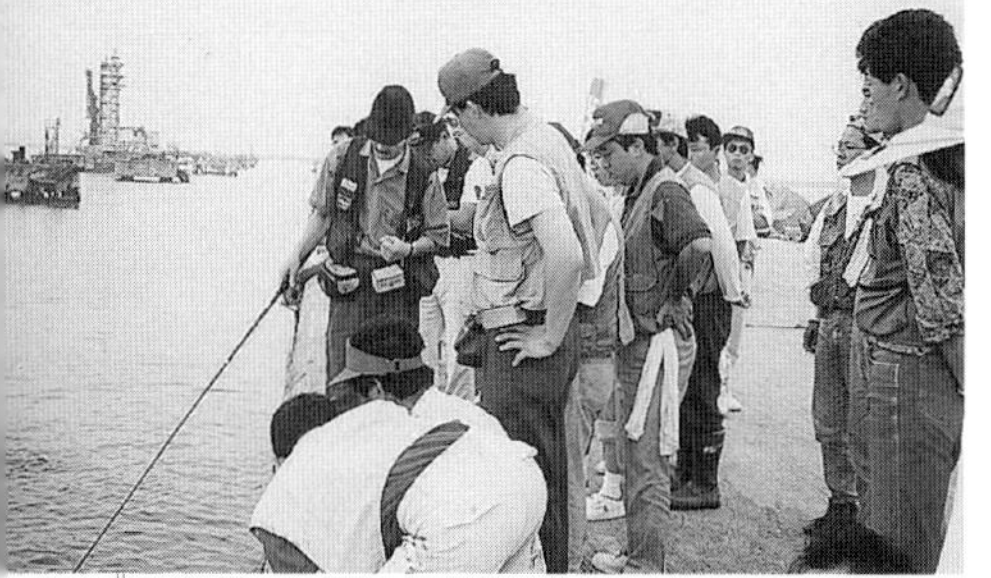

もともとクロダイ釣りは盛んな土地柄だったがヘチ釣りを楽しむ人がほとんどいなかった。急遽開催した講習会にはたくさんの人が集まった

山下　「ここの解説は郡にお任せ。それくらい、個人的にはご無沙汰している釣り場。ただ、いい思い出も多くて、初めて行った 93 年に共栄丸のご主人に気に入られて、翌日に急に講習会を開いてくれと言われたのを覚えている。ヘチ釣り文化がなく、でも興味を持っていた方がたくさん駆けつけてくれて熱心に聞いてくれた。

郡によるとだいぶ雰囲気も釣れる魚も変わったそうだから、久しぶりに行ってみたいよね。東京からも近いし」

郡　「震災前は常時渡船の営業があったが、今は土日と祭日のみの営業。第１西防と第２西防のふたつの堤防があり、沖面はテトラが入り、陸面は落とし込みがしやすい。よく行くのは第２西防。近年はクロダイのほかマダイも増え、掛けても獲れずぶち切られることも多い。ナナマル、ハチマルも期待できる。

これまで東北マダイといえば秋田遠征がメインだったが、今は小名浜遠征が増えている。早く以前のように平日も楽しめるようになればいいな」

クロダイ、マダイのほかにもアイナメ、メバル、クロソイなどの根魚やスズキ、タチウオ、ヒラマサなどのフィッシュイーターも多い

鹿児島県
谷山一文字

渡船＝緒方釣具店（☎ 099-268-6406）

クロダイ、コロダイ、ヘダイ、マダイとのパワーバトルが魅力

山下　「九州へはしばらく足が遠のいていたが、最近はまた福岡や大分に行くと、やっぱりいい釣り場が多いと実感する。ここはテレビ番組のロケで行ったのが最初。たしか秋も深まって落とし込み釣りはシーズンオフというタイミングだったけど、航空写真を見てここなら釣れると判断していきなり本番だった。

前日は石播堤防の下見で 52㎝と 53㎝が釣れて、ロケ本番は一文字堤でクロダイを６～７尾釣った。けど、何回かどうにも止まらない奴に切られた（笑）」

郡　「九州の仲間からコロダイが凄いからおいでよと誘われて以来、個人的に何度か来ている。ここはクロダイも魅力だけど、やっぱりコロダイ、それからヘダイ、さらにマダイ！

とにかくパワーのあるタイがたくさんいて、多分、会長がロケ中にぶち切られたのもコロダイかマダイだと思う。最初の年は釣れなかったけど次の年は 61㎝のコロダイを釣った。あれには痺れた！　人工島というへの字型の沖堤もスリットとマスで面白い！」

クロダイもデカいけどヘダイもデカい！　コロダイのロクマルなんて想像を絶するパワーだ

錦江湾越しに噴煙を上げる桜島。そしてヘダイ。いつ行っても南国情緒が味わえる落とし込み釣り場だ

【落とし込み釣り】
半世紀の集大成が今明らかに
堤防にいるクロダイは釣れる！

2021年6月1日発行

著　者　山下正明・郡雄太郎
発行者　山根和明
発行所　株式会社つり人社

〒101-8408 東京都千代田区神田神保町 1-30-13
TEL　03-3294-0781（営業部）
TEL　03-3294-0766（編集部）
印刷・製本　図書印刷株式会社

乱丁、落丁などありましたらお取り替えいたします。

ISBN978-4-86447-371-2　C2075

つり人社ホームページ　https://tsuribito.co.jp/
つり人社オンライン　https://web.tsuribito.co.jp/
siteB（Basser オフィシャルウェブサイト）　https://basser.tsuribito.co.jp/
釣り人道具店　http://tsuribito-dougu.com/
つり人チャンネル (YouTube)
https://www.youtube.com/channel/UCOsyeHNb_Y2VOHqEiV-6dGQ